論語・中國人的聖書

宋淑萍・編撰

中國歷代經典寶庫

22

出版的話

時報文化出版的《中國歷代經典寶庫》已經陪大家走過三十多個年頭。無論是早期的紅底燙金精裝「典藏版」，還是50開大的「袖珍版」口袋書，或是25開的平裝「普及版」，都深得各層級讀者的喜愛，多年來不斷再版、複印、流傳。寶庫裡的典籍，也在時代的巨變洪流之中，擎著明燈，屹立不搖，引領莘莘學子走進經典殿堂。

這套經典寶庫能夠誕生，必須感謝許多幕後英雄。尤其是推手之一的高信疆先生，他秉持為中華文化傳承，為古代經典賦予新時代精神的使命，邀請五、六十位專家學者共同完成這套鉅作。二〇〇九年，高先生不幸辭世，今日重讀他的論述，仍讓人深深感受到他對中華文化的熱愛，以及他殷殷切切，不殫編務繁瑣而規劃的宏偉藍圖。他特別強調：

中國文化的基調，是傾向於人間的；是關心人生，參與人生，反映人生的。我們的聖賢才智，歷代著述，大多圍繞著一個主題：治亂興廢與世道人心。無論是春秋戰國的諸子哲學，漢魏各家的傳經事業，韓柳歐蘇的道德文章，程朱陸王的心性義理；無論是貴族屈原的憂患獨歎，樵夫惠能的頓悟眾生；無論是先民傳唱的詩歌、戲曲，村里講談的平話、小說……等等種種，隨時都洋溢著那樣強烈的平民性格、鄉土芬芳，以及它那無所不備的人倫大愛；一種對平凡事物的尊敬，對社會家國的情懷，對蒼生萬有的期待，激盪交融，相互輝耀，繽紛燦爛的造成了中國。平易近人、博大久遠的中國。

可是，生為這一個文化傳承者的現代中國人，對於這樣一個親民愛人、胸懷天下的文明，這樣一個塑造了我們、呵護了我們幾千年的文化母體，可有多少認識？多少理解？又有多少接觸的機會，把握的可能呢？

參與這套書的編撰者多達五、六十位專家學者，大家當年都是滿懷理想與抱負的有志之士，他們努力將經典活潑化、趣味化、生活化、平民化，為的就是讓更多的青年能夠了解繽紛燦爛的中國文化。過去三十多年的歲月裡，大多數的參與者都還在文化界或學術領域發光發熱，許多學者更是當今獨當一面的俊彥。

三十年後，《中國歷代經典寶庫》也進入數位化的時代。我們重新掃描原著，針對時代需求與讀者喜好進行大幅度修訂與編排。在張水金先生的協助之下，我們就原來的六十多冊書種，精挑出最具代表性的四十種，並增編《大學中庸》和《易經》，使寶庫的體系更加完整。這四十二種經典涵蓋經史子集，並以文學與經史兩大類別和朝代為經緯編綴而成，進一步貫穿我國歷史文化發展的脈絡。在出版順序上，首先推出文學類的典籍，依序有詩詞、奇幻、小說、傳奇、戲曲等。這類文學作品相對簡單，有趣易讀，適合做為一般讀者（特別是青少年）的入門書；接著推出四書五經、諸子百家、史書、佛學等等，引導讀者進入經典殿堂。

在體例上也力求統整，尤其針對詩詞類做全新的整編。古詩詞裡有許多古代用語，需用現代語言翻譯，我們特別將原詩詞和語譯排列成上下欄，便於迅速掌握全詩的意旨；並在生難字詞旁邊加上國語注音，讓讀者在朗讀中體會古詩詞之美。目前全世界風行華語學習，為了讓經典寶庫躍上國際舞台，我們更在國語注音下面加入漢語拼音，希望有華語處，就有經典寶庫的蹤影。

《中國歷代經典寶庫》從一個構想開始，已然開花、結果。在傳承的同時，我們也順應時代潮流做了修訂與創新，讓現代與傳統永遠相互輝映。

時報出版編輯部

【導讀】

再次付梓——《論語——中國人的聖書》

宋淑萍

歲月不居，三十之年，忽焉已過！《論語——中國人的聖書》初版時，作者三十多夢、踏入杏壇未久；如今再把書校讀一遍，作者雖退而未休（仍在台大開課），卻已是六十好幾、白髮漸多之人！時間，往前看，一個禮拜，七天！往回望，三十年，忽忽——像火車飛馳，景物一一被丟在了往後。

三十年，童稚成中年，壯健或已逝。人生滄桑、世事多變；但有些價值永遠存在。經濟不景氣、金融起風暴，在嚴峻的環境下，重拾古籍，從中尋找生存與教育方法的日本人日漸增多。《論語》，讓日本人找到了避風港。金融風暴讓人們的價值觀受到嚴重衝擊，失去方向的日本人該如何重新定位、如何東山再起，每個人都很茫然，《論語》提供了令人安心的指導方向。日本市面上出現許多有關《論語》的書籍，包括《孩童們的論語》、《讓高中生感動的論語》、《讓孩童們朗讀的論語百章》、《漫畫的論語入門》等，各種《論語》書成了暢銷書，在不景氣時百業蕭條，《論語》相關書卻賣得特別好，《論語》不只是「中國人的聖書」，也是救世的聖經。

時報文化出版公司於民國七十年三月十日出版「中國歷代經典寶庫」青少年版四十五種，嘉惠學子及社會大眾，於文化傳承貢獻極大。大陸曾有出版人來電：平生所讀第一部古書，即「經典寶庫」之山寨版「論語」，可見其影響面之寬廣。

一位自小貧賤、年幼失怙的人，如何成為萬世師表、千古聖人？「孔子——仰之彌高、鑽之彌堅」，從《論語》中多所取材，仔細闡述了。三十年後，再讀原文，感覺還有些看法想借此表達。

孔子的人格特質是很特別的，這種特質成就了一代聖師。先看《論語．子罕》：

子曰：「麻冕，禮也；今也純，儉：吾從眾。拜下，禮也；今拜乎上，泰也：雖違眾，吾從下。」

麻冕雖是合於禮的，但「細密難成，不如用絲之省約。」（集注）孔子從經濟層面考量，很理性地從眾。但「臣與君行禮，當拜於堂下，君辭之，乃升成拜。」拜乎上，驕慢，孔子堅持依禮拜於堂下。程子曰：「君子處世，事之無害於義者，從俗可也。害於義，則不可從也。」（集注）孔子對事從不從俗，都有所堅持、都秉持義理，這是一種理性考量。

顏回是孔子最中意的學生，顏淵死，子曰：「天喪予！」子哭之慟。顏回父顏路請求孔子賣了車為顏回買椁，孔子沒有答應，門人厚葬淵，孔子不以為然。從淵之死，孔子的極度反應可見孔子感性卻也理性的態度。

子路是只比孔子小九歲的門徒；性本強悍、好勇，「冠雄雞，佩豭豚。」（《史記・仲尼弟子列傳》）奇裝異服，陵暴孔子，經孔子誘導，「儒服委質」穿上正經的衣服，送上見面禮，請求入門為弟子，從此，成為孔子最有力的護衛。在衛國為「衛大夫孔悝之邑宰」，衛國政變，因為「食其食者，不避其難」，而奔赴國難；雖被攻擊，擊斷了帽帶，卻認為：「君子死而冠不免。」因為要「結纓」——繫好帽帶而被殺。孔子聽到衛國發生變亂，「嗟乎！由，死矣！」孔子是深深了解子路的個性的。孔子在中庭哭子路，從衛國來弔唁的人說：子路被「醢」（斬成肉醬），孔子叫人「覆醢」。

子路雖由於個性關係，常和孔子唱反調，子路曰：「衛君待子而為政，子將奚先？」子曰：「必也正名乎！」子路曰：「子之迂也，奚其正？」子曰：「野哉！由也……」（〈子路〉）子路是夠「野」的，但孔子也讚許子由「衣敝縕袍與衣狐貉者立，而不恥者，其由也與！」（〈子罕〉）貧窮並不可恥，但以貧窮自慚、自卑，子路沒有這個毛病！子疾病（疾甚為病）。子路使門人為臣（子路分派門人治喪。——古代「人，病甚。」就開始治理後事了），病間（病緩解了），孔子說：「久矣哉！由之行詐也！」子路愛老師的心意，孔子自是心領的，但「無臣而為有臣」是「欺天」，孔子深不以為然。

從「侍坐」章，子路「率爾」而對，子路率性衝前的個性躍然紙上，對這樣一個橫衝直撞、性格畢現，全無半點遮掩的徒弟，孔子以愛、以寬容、以感性包容，卻時時以理性、嚴肅的態度導正之。

日出、日落，花開、花謝。天地出入、人生去來。在循環的過程中，平衡成為準則；否則跛而難行、顛而簸之。孔子理性又感性，所表現的氣象雍雍穆穆、萬方則之。子路受教孔子前「性鄙、好勇力、志伉直」，有類今日好奇逞狠、無聊無賴的青少年。受孔子教化，那個像今日頭頂龐客、混身重金屬配飾，見人稍覺不順眼，就怒目以對甚至橫加陵暴、毆辱人的子路，改頭換面，完全被孔子收服了！但到底本性難移，搶話、嗆老師，

「率爾」的本性不改。衛國政變，「子路在外」，他可以不「受其禍」！可是子路以為領受薪水，就不能不負政治責任。因為有使者入城，城門開了，子路隨而入！子路不是入城，是入了鬼門關！有人攻擊子路，擊斷了子路之纓，因為「君子死而冠不免。」為了結繫帽帶而丟了命！國家有難，「滿朝文武盡皆逃」！子路不在事發現場，本可逃過一劫。可是他偏往生命關卡的窄縫鑽，「性格決定命運」，此之謂也。

我們也許會想：「如果」子路沒有被孔子「設禮、稍誘」，子路也許就不會枉死，但「性鄙、好勇力、志伉直（剛直）」的人，最後際遇，亦未可逆料！而鐘鳴鼎食、山林放形，各有天性、個人適意；不可相強！不可強！但有一點可以確定：子路一生如果沒有遇到孔子，一生好勇鬥狠，生命竹下落，不過是葉之隕——也許會發出一點飄落的聲響，但終歸於沉寂。而因為入了孔門，子路的生命展現輝光的一面，給後人帶來無限震撼、一絲輕喟。「燃燒的木頭一面噴射著火焰，一面喊道：『這是我的花，這是我的死。』」（泰戈爾詩集《漂鳥集》）子路的血，綻放了孔子生命的價值——教育的價值。子路的存在是一個永恆的奇異，那就是生命。

【編撰弁言】

一、本書所用的經文大體以朱熹《論語集注》本為主，而校以邢疏本、皇疏本、正平本以及釋文本。

二、所引經文都加附注。所引注釋包括朱注（朱熹《論語集注》）、集解（何晏等《論語集解》。集解中原有姓氏的，標原氏，如「包曰」「鄭曰」「王曰」「孔曰」等是；這些標記上，不再加「集解」二字。如原為何晏等所自注，則引文上標「集解」。）、皇疏（皇侃《論語義疏》）、邢疏（邢昺《論語注疏解經》）、劉疏（劉寶楠、劉恭冕父子《論語正義》）等。其餘引文，則標明書名或著者姓名，或同時並舉。如引《禮記》後引鄭玄的《禮記注》，則只標「鄭注」；引《說文解字》後引段玉裁的《說文解字注》，則只標「段注」。餘類推。如加「按」，則是作者按語。

三、所引經文大部都附翻譯。翻譯中加（）以完足語意。

四、論述分段敘述。

論語◆中國人的聖書

目次

孔子——仰之彌高，鑽之彌堅

葉公問孔子於子路，子路不對。子曰：「女奚不曰：其為人也，發憤忘食，樂以忘憂，不知老之將至云爾！」

——《論語・述而》

孔子——仰之彌高，鑽之彌堅

孔子（周靈王二十一年—周敬王四十一年，西元前五五一—四七九）魯人（山東曲阜），父叔梁紇、母顏徵在①。孔子年幼就沒了父親②，他自己說「吾少也賤」③，這話多少因他年幼失怙而出。孔子雖然自小貧賤，但他並不因此而自暴自棄；相反的，由於他的好學，他使自己挺立於天地之間，成為一位人人景仰的聖人，這種不向命運屈曲、自立自強的精神，實在令人敬服。孔子名丘，字仲尼④；古代對人尊稱「子」，所以稱孔子。

我們試從《論語》來看孔子：

一

子曰：「十室之邑⑤，必有忠信如丘者焉；不如丘之好學也。」（〈公冶長〉）

孔子說：「就是一個很小的地方，也必有生來像我一樣忠信的人，〔如果他不及我，在於〕他不像我這麼好學。」

子曰：「德之不修，學之不講，聞義不能徙，不善不能改：是吾憂也。」⑥（〈述而〉）

孔子說：「德行不能修明，學問不能講習，聽到好的道理不能好好去做，有過不能改，這都是我最憂患的。」

葉（ㄕㄜˋ shè）公問孔子於子路，子路不對。子曰：「女奚不曰：其為人也，發憤忘食，樂以忘憂，不知老之將至云爾！」⑦（〈述而〉）

葉公向子路問起孔子，子路沒有回答。孔子對子路說：「你何不對他說：他的為人，發憤向學幾乎忘食，樂於學道忘記煩憂，〔他沉醉在這一切中，以致〕不知歲月悠悠、老之將至！」

子曰：「若聖與仁，則吾豈敢。抑為之不厭，誨人不倦，則可謂云爾已矣。」公西華曰：「正唯弟子不能學也。」⑧（〈述而〉）

孔子說：「說到仁、聖，那我怎麼敢當。我不過是學不厭，教不倦，只是如此罷了。」公西華說：「這正是弟子學不來的。」

子曰：「莫我知也夫（ㄈㄨˊ fú）！」子貢曰：「何為其莫知子也？」子曰：「不怨天，不尤人，下學而上達。知我者其天乎！」⑨（〈憲問〉）

孔子說：「沒人了解我！」子貢說：「為什麼沒人了解老師呢？」孔子說：「我不怨天、不怪人，我講求很普通的道理、事物，卻能從這些普通的道理、事物中體會很高的境界：了解我的恐怕只有老天爺吧！」

一個人要提高個人的人生境界、改善他為人處世的態度，學，是唯一的途徑。孔子一生重視學——無論是他個人方面的學習或是幫助有心向學的人——這種態度的堅持，是後人崇敬孔子最重要的理由。孔子一生以教、學為職志，但是他從不自滿自誇；這種自我鞭策的精神，正是一個人學不厭、教不倦的原動力。

子曰：「默而識（ㄓˋ zhì）⑩之，學而不厭，誨人不倦，何有於我哉！」（〈述而〉）

孔子說：「默記所聞見的，好學不厭，誨人不倦，這些事情對我來說有什麼困難的呢！」

子曰：「吾有知乎哉？無知也。有鄙夫問於我，空空如也，我叩其兩端而竭焉。」⑪（〈子罕〉）

孔子說：「我無所不知嗎？並不是的。一個樸實的人向我請教，誠懇極了，我從兩端反問他而竭盡所能地告訴他。」

〈述而篇〉另外載有孔子的話：「多聞，擇其善者而從之；多見而識之：知之次也。」孔子雖不是生而知之，但篤志向學、努力不懈，開科授徒、有教無類；記誦之學，本不是聖的極至，孔子都不敢當，真是謙而又謙了。

所謂「有容乃大」，江海能受百川水，是因為江海處卑下，謙卑是學而有成的重要因素。下面記載在〈述而篇〉的故事，可以讓我們體認孔子接受批評的雅量、認過改過的態度：

陳國的司敗（《左傳．文公十年》杜注：「陳楚名司寇為司敗。」）有一回問孔子：「魯昭公知禮嗎？」孔子說：「知禮。」

孔子退下後，陳司敗對孔子的弟子巫馬期作了一揖，並且很不以為然地說：「我聽說君子不黨；君子也有私心嗎？依禮：同姓是不婚的；魯國國君從吳國迎娶一位女子，魯國和吳國都是姬姓的，同姓通婚，這是違犯禮的，為了隱諱這違禮的行為，只好稱這位女子為『吳孟子』。如果魯昭公可以算是知禮，那誰不知禮！」巫馬期把陳司敗的話一一轉告了孔子。孔子並不惱怒，相反地，他說：「我真幸運，如果我犯了過失，一定有人能夠看出來。」

二

子曰：「貧而無怨，難，富而無驕，易。」⑫（〈憲問〉）

孔子說：「一個人貧困卻不怨，難；富貴而不驕慢，易。」

子曰：「富而⑬可求也，雖執鞭之士，吾亦為之；如不可求，從吾所好。」（〈述而〉）

孔子說：「富貴如果是可以求得來的，那即便是執鞭趕車的賤差，我也做；如果是求不來的，那還是依我所好。」

子曰：「飯（ㄈㄢˇ fǎn）疏食（ㄙˋ sì），飲水，曲肱而枕之，樂亦在其中矣。不義而富且貴，於我如浮雲。」⑭（〈述而〉）

孔子說：「吃粗食、喝白水，手臂一彎就是枕頭，（生活雖然清苦，但是）樂趣也就在其中了。不當得的榮華富貴，就像天上的浮雲一樣，（不是我所關切的。）」

前面我們提過孔子少年貧賤，一個人少年時代忍受貧苦的生活，其中苦況自然是記憶深刻的——少年時代生活較單純，所以所經歷的事物每每歷久彌新；年紀大了，生活圈子大了，生活複雜了，可記憶的反倒少了，不是嗎！所以對孔子來說什麼是生活？什麼是貧賤？他是身受的，他深深了解一個人貧賤而不怨天尤人，是要經過多少心理的掙扎，才能戰勝環境、戰勝自己，而淡然處貧賤——這也就是孔子在那麼多弟子中特別嘉許顏淵的原因吧！

一個貧困的人，自然希望脫離貧困——誰不希望富貴！但是孔子他還考慮到「義」——正當與否的問題。如果是可求的富，即便為賤役也可求，孔子絕不以為一個人非守貧不可，他絕不這麼執著！

事實上〈泰伯篇〉裡記著，孔子說：「邦有道，貧且賤焉，恥也。」國家有道，就當用世，如果落得貧賤不堪，是可恥的！如果正當的方法不能求得富貴，比如說國家無道，就當安貧樂道，從己所好。

《呂氏春秋．慎人篇》說得好：「古之得道者，窮亦樂，達亦樂。所樂非窮達也；道得於此則窮達一也，為寒暑風雨之序矣。」這裡的「為」是「若」、「好像」的意思。

一個人能從其所好，窮達已經是次要的問題了，人生有窮達，就好比自然界有寒暑、風雨一樣，一切都是自然然的，我們也應當坦然接受。別人的嘲笑對愛迪生並不具意義，也不能構成煩惱或使他萌生退意，因為研究、發明是他所好的，是他的興趣所在。

三

季文子三思而後行。⑮子聞之曰：「再，斯可矣。」（〈公冶長〉）

季文子凡事再三思考然後才去做。孔子聽了說：「多想一次，也就夠了。」

子之武城，聞弦歌之聲，夫子莞（ㄨㄢˇ wǎn）爾而笑曰：「割雞焉用牛刀！」子游對曰：「昔者偃也聞諸夫子曰：『君子學道則愛人，小人學道則易使也。』」子曰：「二三子，偃之言是也，前言戲之耳。」⑯（〈陽貨〉）

孔子到了武城，聽到琴瑟吟誦之聲，孔子微笑著說：「殺雞哪用得著牛刀！」子游回答說：「從前偃聽老師說過：『在上位的學道就能夠愛人，小百姓懂得道理就比較容易治理。』」

孔子說：「各位，偃的話是對的，我剛才的話是跟他開玩笑的。」

子曰：「道不行，乘桴浮于海，從我者其由與！」子路聞之喜。

子曰：「由也好勇過我，無所取材！」⑰（〈公冶長〉）

孔子說：「我所主張的仁道不能實踐，不如乘了竹筏或木筏到江海寄餘生吧，能夠跟隨我的恐怕就是仲由了吧！」子路聽了，滿心歡喜。

孔子說：「由呀，你倒是比我有勇氣，不過上哪兒找竹木編的筏子呢！」

子曰：「衣（ㄧˋ yì）敝縕（ㄩㄣˋ yùn）袍與衣狐貉（ㄏㄜˊ hé）者立，而不恥者，其由也與。不忮（ㄓˋ zhì）不求，何用不臧！」子路終身誦之。

子曰：「是道也，何足以『臧』？」⑱（〈子罕〉）

孔子說：「穿了破袍子和穿著狐貉皮袍的人站在一起，而不覺得難為情的，恐怕只有仲由吧！（那正是《詩經》裡說的：）不忮不求，何用不臧！」子路整天念著。

孔子說：「這兩句詩值得整天念嗎？」

「唐棣（ㄉㄧˋ dì）之華，偏其反而。豈不爾思？室是遠而。」

子曰：「未之思也夫！何遠之有！」⑲（〈子罕〉）

「唐棣花呀！翩然搖晃。哪裡是不想你，是兩地相隔太遙遠。」

孔子聽了說：「恐怕是不想吧，〔如果真有心，〕那還有什麼遠不遠的！」

原壤夷俟。

子曰：「幼而不孫弟，長而無述焉，老而不死，是為賊。」以杖叩其脛（ㄐㄧㄥˋ jìng）。⑳（〈憲問〉）

原壤蹲著等孔子。

孔子說：「年輕的時候不恭遜，年紀大了也無可稱述的，老了還白吃飯，真是禍害。」用杖敲了敲他的小腿。

孔子是古今公認的聖人，由於他是聖人，我們不但把他聖化了，甚至把他神化了，他儼然是不可犯的，他的話都是聖旨，玩笑不得！可是老夫子明明說「前言戲之耳」！

孔子看見子游以禮樂施教於武城百姓，並且成績卓然，能不衷心歡悅嗎！可是他微笑著開了個玩笑。

「季文子三思而後行」的話，可能是季孫自說或時人稱季孫的話。「三思」應該和「慎思」一樣，未必一定是三。孔子這批評，也是一時興到，向門人說句戲言罷了。孔子何必計較那一思呢！實在多思少思，要因事而異；事有須千思百思的，亦有一思便可的！

孔子偶然隨便一句話，就使子路「喜」，這一個喜字，不知包含多少興奮踴躍，孔子看在眼裡，又不便責備，只好幽他一默了！

子路整天口喃喃「不忮不求，何用不臧！」有人整天念「豈不爾思，室是遠而。」孔子聽得膩了，也只好用幽默話堵堵他們的嘴！

老交情了，可是他那麼沒禮數！不成話，這蹲著等人成何體統，敲敲腳脛：「老沒長進！」

從這裡我們不得不佩服《論語》的高度寫作技巧——真是呼之欲出、栩栩如生！當然我們更欣賞孔子的高度幽默感——不慍不火、恰到好處。

四

子路宿於石門。晨門曰：「奚自？」

子路曰：「自孔氏。」

曰：「是知其不可而為之者與？」㉑（〈憲問〉）

子路在石門過了一夜。管城門的問道：「你從哪兒來的？」

子路說：「從孔家來的。」

管城門的說：「就是那位明知不可為卻還要去做的先生嗎？」

子曰：「朝聞道，夕死可矣！」㉒（〈里仁〉）

孔子說：「如果能夠看到天下太平，就是馬上死也甘心。」

子曰：「甚矣，吾衰也！久矣，吾不復夢見周公！」㉓（〈述而〉）

孔子說：「我真衰老得厲害呀！好久了，我沒再夢見周公！」

子曰：「鳳鳥不至，河不出圖；吾已矣夫。」㉔（〈子罕〉）

孔子說：「鳳鳥不來，河也不出圖；我希望天下太平的心願怕是完了！」

子貢曰：「有美玉於斯，韞匵（ㄩㄣˋ ㄉㄨˊ yùn dú）而藏諸？求善賈而沽（ㄍㄨ gū）諸？㉕」

子曰：「沽之哉！沽之哉！我待賈者也！」（〈子罕〉）

子貢說：「在這裡有一塊美玉，擺在櫃子裡藏起來？還是找個好價錢賣了？」

孔子說：「賣了它！賣了它！我是等著別人出好價錢！」

孔子所處的時代，是一個特別亂的時代，臣弒其君、子弒其父，巧言令色、越分僭禮；一個「大道之行也」的國家或世界的實現，是孔子所切盼的。

孔子在匡的地方受了危難，他說：「文王死了以後，文化的傳統不都在我身上嗎？」（見〈子罕篇〉）

這一種強烈的使命感，使孔子發了「朝聞道，夕死可矣！」的感歎，而且由此更使我們領會孔子憂世憂民的苦心！

「太平盛世」是孔子所念念的，文武盛世，自然亦是孔子所念念的，所以孔子自不能不常常想到周公，既常常想到，便會常常夢到。到了暮年，壯心未已，既是個「知其不可而為之」的人，對澄清天下的重擔，自然放不下，這真是「任重道遠、死而後已」了。所以年紀大了、衰老了，但是還是不能忘懷於夢見周公。而由孔子這一歎使我們領會，孔子一生一世志在天下太平的心志。

春秋戰國的時候，可能已流行著鳳鳥、河圖是太平盛世的瑞應的話了，孔子隨俗用以寄歎；從孔子的歎息中，我們可以了解：孔子生平最大的寄望就是天下太平；因為一心希望天下太平，所以成了一個「知其不可而為之」的人。

孔子既然希望天下太平，他個人自然不會拒絕用世，事實上他周遊各國，就是希望有機會施展抱負；所以孔子對子貢的問題，回答說：「沽之哉！沽之哉！」重複「沽之哉」，像在說：「賣！賣！」話急而意決，承一句緩語「我待賈者也」，透著一種風趣，也寫出孔子濟世的熱切衷腸。

微生畝謂孔子曰：「丘，何為是栖栖（ㄒㄧ xī）者與！無乃為佞（ㄋㄧㄥˋ nìng）乎？」

孔子曰：「非敢為佞也，疾固也！」㉖（〈憲問〉）

微生畝對孔子說：「丘，為什麼那麼栖栖皇皇的，莫非是要逞口舌去討好人家？」

孔子說：「我不敢逞口舌，我只是恨世人的固陋，想法要改變他們。」

陳成子弒簡公。孔子沐浴而朝，告於哀公曰：「陳恆弒其君，請討之！」

公曰：「告夫三子！」

孔子曰：「以吾從大夫之後，不敢不告也；君曰：告夫三子者！」之三子告，不可。

孔子曰：「以吾從大夫之後，不敢不告也。」㉗（〈憲問〉）

陳成子殺了齊簡公。孔子齋戒沐浴後，鄭重地上朝向魯哀公報告說：「陳恆殺了他的國君，請出兵討伐他！」

哀公說：「你去告訴位高權重的三卿！」

孔子（退朝後）說：「因為忝為大夫，所以不敢不把這事報告君上；君上卻說『去告訴位高權重的三卿』！」孔子到三卿家那裡去講，三家都不贊成。

孔子說：「因為我忝為大夫，不敢不據實來告。」

衛靈公問陳於孔子。

孔子對曰：「俎（ㄗㄨˇ zǔ）豆之事，則嘗聞之矣；軍旅之事，未之學也。」明日遂行。㉘（〈衛靈公〉）

衛靈公向孔子問戰陣征伐之事。孔子回答說：「禮儀方面的事情，我曾學過；戰陣方面的事情，我沒學過。」第二天便離開了衛國。

齊人歸女樂，季桓子受之，三日不朝。孔子行。㉙（〈微子〉）

齊國送給魯國一個女子歌舞團。季桓子接受了，卻接連三天不上朝。孔子很失望，就離開了魯國。

陽貨欲見孔子；孔子不見。歸孔子豚；孔子時其亡也而往拜之，遇諸塗。謂孔子曰：「來！予與爾言。」曰：「懷其寶而迷其邦，可謂仁乎？曰：不可。好從事而亟（ㄑㄧˋ qì）失時，可謂知乎？曰：不可。日月逝矣，歲不我與！」孔子曰：「諾，吾將仕矣！」㉚（〈陽貨〉）

陽貨想見孔子，孔子不見他。他送孔子一隻小豬；孔子等他不在家的時候去拜謝他。

卻在路上遇上了。

陽貨對孔子說：「來！我同你說話。」接著說：「一個人藏著本事讓他的國家亂下去，可說是仁嗎？當然不可以！願意出來做事卻每每錯失機會，可說是知嗎？當然不可以！日子一天天過去了，歲月是不等人的！」

孔子說：「是，我將要出來做事了！」

孔子一生以天下為己任，擔負多麼沉重！路途多麼遙遠！他甚至受到別人的挖苦——栖栖皇皇、無乃為佞！但是孔子並沒有向現實低頭，他明知其不可而為之，他為所當為：鄰國發生了政變——臣子竟殺了國君！真是「人倫之大變，天理所不容。」㉛孔子鄭重其事的向國君報告，國君——一國之長，卻不能主事，卻說「告夫三子！」三家專政，越主僭上，雖未弒君，君同虛設。

在這種情況下，三家自然不可能同意討伐弒君逆臣來自掌嘴臉，孔子對這種情勢何嘗不明白，但是他還是老老實實「之三子告」，孔子只是行所當行，至於事情行不通，則早在預料中了。

孔子對人雖然風趣、幽默，但是他對事卻頂認真、不妥協的：衛靈公既問陣，可見此君無心文德，只想近功，孔子就走——第二天就走，毫不遲疑。

魯定公十年的時候，孔子五十二歲，他由中都宰而司空，而大司寇，定公和齊景公在夾谷盟會，孔子以大司寇隨行，齊國本想侵襲魯君，由於孔子的鎮定，以禮責備景公，才化險為夷。

定公十二年，孔子為了消弭三家的勢力，改善三家專政的局面，派弟子仲由毀三桓城、收其甲兵，這就是後人所謂「墮三都」，這個計劃如果成功，魯國政局可以一清，可惜孟懿子抗命——孟懿子還曾向孔子問孝！說起來他還是孔子的學生！由於學生抗命，老夫子失敗了。

如果季桓子曾受齊女樂，（我們說「如果」是因為清人崔述對這事「存疑」！）就在這時候。我們想孔子這時一定很傷心——事情失敗在自己弟子手上，也很灰心——女樂使「君臣相與觀之，廢朝禮三日」㉜！雖然是父母國，雖然是桑根處，孔子還是走了。

「陽貨欲見孔子；孔子不見。歸孔子豚。」從這個記載可以想像陽貨的嘴臉——他以為妙計得售，不想孔夫子以其道治其身，你怎麼來我怎麼去——時其亡而往拜之！可是「遇諸塗」，真是狹道相逢，躲他不過！

這一聲「來！」不知透著多少得意、興奮。看吧！那陽貨自拉自唱、自問自答，都是道理，還真駁他不倒，大擺請君入甕的姿態，可沒想到孔夫子不過虛與委蛇、漫應一句，也就過去了。

陽貨興會踴躍、口沫橫飛，滿嘴大道理，孔子卻意態悠閒、好整以暇，只是一句話，前後對照，令人忍俊不住。但一細想，孔夫子對陽貨一流人也得應付，真真是無可奈何！

五

陳亢（ㄍㄤ gāng）問於伯魚曰：「子亦有異聞乎？」對曰：「未也，嘗獨立，鯉趨而過庭。[33]曰：『學《詩》乎？』對曰：『未也。』『不學《詩》，無以言。』鯉退而學《詩》。他日，又獨立，鯉趨而過庭。曰：『學《禮》乎？』對曰：『未也。』『不學《禮》，無以立。』鯉退而學《禮》。聞斯二者。」陳亢退而喜曰：「問一得三，聞《詩》，聞《禮》，又聞君子之遠其子也。」（〈季氏〉）

陳亢問伯魚說：「你是不是從老師那裡得到什麼特別的教訓？」

伯魚回答道：「沒有。曾有一次他獨自站著，我快步走過庭中。他說：『學《詩》了嗎？』我答道：『沒有。』〔他說：〕『不學《詩》，沒辦法把話說得好。』我退下後就學

《詩》。另外一天，他又獨自站立著，我快步走過庭中。他說：『學《禮》了沒？』我回答說：『沒有。』（他說：）『不學《禮》，沒法立身處世。』我退下後就學《禮》。我只得了這兩個教訓。」

陳亢退下高興地說：「我問一件事卻得了三種道理。我懂得了《詩》的重要，懂得了《禮》的重要，而且也懂得了一個君子即使對自己的兒子也沒有私心。」

顏淵死；顏路請子之車以為之椁（ㄍㄨㄛˇ guǒ）。子曰：「才、不才，亦各言其子也。鯉也死，有棺而無椁。吾不徒行以為之椁；以吾從大夫之後，不可徒行也。」㉞（〈先進〉）

顏淵死了；顏路請求孔子把車做顏淵殯時的椁。孔子說：「回和鯉雖有才與不才的分別，但從我們兩人講，卻同是兒子。鯉死的時候，有棺而無椁。我並沒有把車給他做椁而自己步行；因為我曾身居大夫，依禮是不當步行的。」

以上所舉兩段記載，很值得玩味。在《論語》裡另有兩處記載陳亢（子禽）的談話：

一見〈學而篇〉：「子禽問於子貢曰：『夫子至於是邦也，必聞其政：求之與？抑與之與？』」

一見〈子張篇〉：「陳子禽謂子貢曰：『子為恭也，仲尼豈賢於子乎？』」

兩次談話的對象都是子貢，看來陳亢對子貢是頗崇拜的，對孔夫子卻是保留的；陳亢似乎有背後刺探或批評人的習慣，難怪他要向孔子的兒子打聽行情了。可是君子無私，陳亢連半點私情也沒挖著；（真洩氣！）不過，陳亢能懂得「問一得三」，到底是不俗的。

顏回是孔子最喜歡的學生，二十九歲頭髮全白了，三十二歲就死了㉟，英才早逝啊！難怪孔子「哭之慟」，而且還說「不為這樣的人傷心卻要為誰傷心呢！」可見孔子痛惜之情，恐怕並不下於一個父親痛惜他的兒子！

但是愛歸愛、疼歸疼，門徒就是門徒、兒子就是兒子；鯉死，有棺無椁；回死，就不能塗車為椁，孔子不答應顏路的要求並不是因為孔子不愛顏回，相反的，依禮，士的殯禮，根本用不到「椁」！

我們看孔子對門人厚葬顏回的歎語，「回也，視予猶父也；予不得視猶子也。非我也；夫二三子也！」這段話可以了解，孔子要以適當的禮葬顏回——一切要合理合情！而不可厚誣死者！

子溫而厲，威而不猛，恭而安。㊱（〈述而〉）

孔子待人溫和而處世嚴正，外表威嚴而性情平和，形貌恭謹而內心舒泰。

孔子於鄉黨，恂恂如也，似不能言者。其在宗廟朝廷，便便言，唯謹爾。㊲（〈鄉黨〉）

孔子在家鄉，態度恭謹，好像不能說話似的。他在宗廟朝廷，言詞明辯，不過是很謹慎的。

子，釣而不綱；弋（ㄧˋ yì），不射宿。㊳（〈述而〉）

孔子釣魚但不用網罟去捕魚；射飛鳥，不射停在鳥巢的鳥。

子食於有喪者之側，未嘗飽也。子於是日哭，則不歌。（〈述而〉）

孔子和一個有喪事的人在一起吃飯，從沒有吃飽過。孔子在那天哭了，就不唱歌。

子在齊聞〈韶〉，三月不知肉味。曰：「不圖為樂之至於斯也！」㊴（〈述而〉）

孔子在齊國聽了〈韶〉樂，一連學了三個月，吃飯連肉味都覺不出了。他說：「真沒想到學音樂會使人到這個境界！」

子與人歌而善，必使反之，而後和（ㄏㄜˋ hè）之。㊵（〈述而〉）

孔子跟人唱歌，如果覺得別人唱得好，一定請他再唱一遍，然後跟他唱和。

朋友死，無所歸㊶，曰：「於我殯。」

朋友之饋，雖車馬，非祭肉，不拜。（〈鄉黨〉）

朋友死了，沒有親近的人出來主持喪事，孔子就說：「我來辦。」朋友有所饋贈，除非是祭肉，即便是車馬，也不行拜禮。

師冕見。及階，子曰：「階也。」

及席，子曰：「席也。」

皆坐，子告之曰：「某在斯，某在斯。」

師冕出，子張問曰：「與師言之，道與？」

子曰：「然，固相（ㄒㄧㄤˋ xiàng）師之道也。」㊷（〈衛靈公〉）

師冕來見孔子。

到了階前，孔子說：「這是臺階。」

到了坐席前，孔子說：「這是坐席。」

都坐定了，孔子告訴他：「某某在這裡，某某在這裡。」

師冕出去後，子張問道：「老師和樂師講的話，都有合乎道理嗎？」

孔子說：「是的，這是我們對待一個眼睛看不見的樂師所應有的道理。」

從這些小片段，也許我們可以和孔子更親近些！你看這恐怕是學生們給老師的素描吧！「溫而厲、威而不猛、恭而安」，真是「望之儼然、即之也溫」（〈子張〉）！我們想孔子一生做人做事都力求合理合情，教學因材施教，在鄉黨、在宗廟朝廷言貌各不相同。就是釣、射，也只是意思、意思，絕不想一網打盡、趕盡殺絕；真個是其釣、射也君子！對魚鳥都心存仁厚，對人類更不必說了。

同情心人人都有，不過我們偶爾也可以看見對著出殯行列大聲喧嘩的場面——人常常疏忽小節；可是孔子並不因小節而疏忽，弟子才有以下的記載：「子食於有喪者之側，未嘗飽也。」

我們再看他招待師冕的種種，多細心、多善體人意。朋友死了，孔子包辦喪事，多有義有情，現在有時聽人說「人去人情亡」！唉！

「學琴的孩子不會變壞」，那麼喜歡音樂的人一定是可愛的。孔子多迷音樂呀！一學三月竟到不知肉味的地步，難怪孔夫子要吃驚，我們是又驚又羨呢！

一個人可以學習自己喜歡的事物，而且一迷三個月，多美呀！孔夫子多可愛可敬，他不妬嫉，別人唱得好，請他再唱一遍！然後一同唱和！一起歡唱！

六

子畏於匡；曰：「文王既沒，文不在茲乎！天之將喪斯文也，後死者不得與於斯文也！天之未喪斯文也，匡人其如予何！」㊸（〈子罕〉）

孔子在匡的地方遭了危難；說：「文王死了以後，文化的傳統不都在我身上嗎？天如果要斷絕這文化，就不應該讓我有這個抱負；天如果不想斷絕這文化，匡人其奈我何！」

在陳絕糧；從者病，莫能興。

子路慍，見曰：「君子亦有窮乎？」

子曰：「君子固窮；小人窮，斯濫矣！」㊹（〈衛靈公〉）

孔子在陳國的時候，斷了糧食。隨從的弟子都餓得慌，起都起不來了。

子路好火，見了孔子說：「君子也會窮嗎？」

孔子說：「君子固然也有窮困的時候，（不過，不像）小人窮了，就什麼事都做得出來！」

孔子一生顛沛流離，多災多難，少年時的貧賤，中老年的困阨。這麼可敬的人，卻遭到這般磨難，是上天所設的試煉嗎？當然鐵要通過鍛燒才能成鋼，人在窮困的時候才能顯出他的氣度。

魯國的陽虎，不知在匡做了幾筐幾簍的壞事，匡人對他恨極了；偏偏孔子和陽虎長得有幾分像（造化弄人！），而給孔子趕車的顏刻又曾隨陽虎到匡，這下誤會是解釋不清了，包圍起來！

法國大革命時的暴民，那股暴勁是要人命的！想想，孔子他們這批人處境多危險！可是孔子並沒驚慌失措，看！他對自己多有自信，這種捨我其誰的使命感，使他豪氣干雲、不憂不懼！

在陳，連最基本的維持生命的糧食都斷了，生命的延續也許馬上成了問題，孔子並不曾怨天尤人，他只是告訴一腔怒火的子路：人要有格調、有風骨。

七

子擊磬（ㄑㄧㄥˋ qìng）於衛。有荷蕢（ㄏㄜˋ ㄎㄨㄟˋ hè kuì）而過孔氏之門者，曰：「有心哉！擊磬乎！」

既而曰：「鄙哉！硜（ㄎㄥ kēng）硜乎！莫己知也，斯已而已矣。深則厲，淺則揭（ㄑㄧˋ qì）。」

子曰：「果哉，末之難矣！」㊺（〈憲問〉）

孔子在衛國，有一天正敲著磬。有一個挑著草筐的人走過孔子門前，說：「有心呀！敲磬的！」

隔了一會兒又說：「太陋了！硜硜的！沒有人了解我們，自顧自也就是了。（《詩》上不是告訴我們：）水深淌過去，水淺褰裳過。」

孔子說：「可真果決呀！如果能這樣，也就沒什麼難處了。」

楚狂接輿歌而過孔子，曰：「鳳兮鳳兮，何德之衰！往昔不可諫，來者猶可追。已而已而，今之從政者殆而！」

孔子下，欲與之言；趨而辟之，不得與之言。㊻（〈微子〉）

楚國的狂人接輿唱著歌走過孔子的門前，說：「鳳呀鳳呀，你的運命為什麼那麼壞！過去的沒法挽回，將來的還可努力追求。算了算了吧！現在的從政者實在危險呀！」

孔子下堂出門，想和接輿談談；他卻趕快走避，孔子也沒法跟他談到話。

長沮（ㄐㄩ jū）桀溺耦（ㄡˇ ǒu）而耕。孔子過之，使子路問津焉。

長沮曰：「夫執輿者為誰？」

子路曰：「為孔丘。」

曰：「是魯孔丘與？」

曰：「是也。」

曰：「是知津矣。」

問於桀溺，桀溺曰：「子為誰？」

曰：「為仲由。」

曰：「是魯孔丘之徒與？」

對曰：「然。」

曰：「滔滔者天下皆是也，而誰以易之！且而與其從辟人之士也，豈若從辟世之士哉！」耰（ㄧㄡ yōu）而不輟。

子路行以告。夫子憮（ㄨˇ wǔ）然，曰：「鳥獸不可與同群；吾非斯人之徒與、而誰與！天下有道，丘不與易也。」㊼（〈微子〉）

長沮、桀溺一起耕田。孔子路過，叫子路去打聽過渡的地方。

長沮說：「那執轡的是誰？」

子路說：「是孔丘。」

長沮說：「是魯國的孔丘嗎？」

子路說：「是。」

長沮說：「那他應該知道渡口在哪裡。」

子路又向桀溺打聽，桀溺說：「你是誰？」

子路說：「仲由。」

桀溺說：「是魯國孔丘的門徒嗎？」

子路答道：「是的。」

桀溺說：「天下亂糟糟的，到處都是一樣的，你卻要跟誰一起來改變它！況且你與其跟從躲避壞人的人，何不跟著我們這種避開整個亂世的人呢！」說完，他就不斷地犁田，不再理子路。

子路只好走回孔子身邊，把他們的對話都向孔子報告。孔子聽了，悵然說道：「鳥獸我們沒法和牠們在一起；我們不和人類在一塊兒，卻要和什麼在一塊兒！天下如果太平，我是不會想要改變它的。」

子路從而後；遇丈人，以杖荷蓧。子路問曰：「子見夫子乎？」

丈人曰：「四體不勤，五穀不分，孰為夫子！」植其杖而芸。

子路拱而立。止子路宿；殺雞為黍而食之，見（ㄒㄧㄢˋ xiàn）其二子焉。

明日，子路行以告。子曰：「隱者也！」……㊽（〈微子〉）

子路侍從孔子，卻落後了；遇見一位老人，用杖挑著耘田器。子路問道：「你見到老師了嗎？」

老人說：「不勤於勞動身體四肢，也不種五穀糧食，誰是老師啊！」把杖豎好了就耘起田來。

子路恭敬地拱手站著。老人留子路下來過夜；殺了雞做了黍飯請他吃，還引見了他的兩個兒子。

第二天，子路〔見了孔子〕把昨日事告訴了孔子。孔子說：「他是位隱者啊！」

如果我們說孔子是積極用世的實行家，那麼接輿、長沮、桀溺等人就是消極避世的隱退者；他們兩者由於人生觀的差異，行為就大不相同了。隱者對孔子，或惋惜、或諷諫，在隱者的心目中，天下滔滔，既無法兼善天下，倒不如獨善其身，所以他們對孔子周行天下、明知不可為而為之的行徑，感到不解。

孔子以為生為人類，就得與人相接，就當為人盡力，這是一個人的責任，不容逃避。羅曼羅蘭說：「世界上只有一種英雄精神，那就是照現實來看世界，並且愛它。」是的！

世界也許太亂、人生也常不如意，可是逃避，只顯示內心的怯懦——連面對問題、困難的勇氣都沒有！卻無法使問題化解、困難去除——如果我們不嘗試，那麼我們連失敗的機會都沒有。孔子願意忍受別人的挖苦和誤解，為所當為，也只在圖一個心安，至於事情的成敗，倒在其次。

孔子的再傳弟子孟子，最能把握孔子這種精神，孟子說：「當今之世，舍我其誰！」（〈公孫丑下〉）。春秋是一個混亂的時代，戰國時代的混亂，比起春秋時，猶有過之！「臣弒其君者有之，子弒其父者有之。」（《孟子．滕文公下》）「爭地以戰，殺人盈野；爭城以戰，殺人盈城。」（〈離婁上〉）

鐵器的普遍利用，使戰爭更為慘烈，而戰爭的結果，是土地的掠奪——春秋還有一百餘國，到戰國卻只有七雄最為強盛了！面對這樣一個混亂的時代，孟子發揮了他救世的狂情，慨然以天下興亡為己任！我們想這是孟子被後人尊為亞聖最重要的理由！

叔孫武叔語（ㄩˋ yù）大夫於朝曰：「子貢賢於仲尼。」子服景伯以告子貢。子貢曰：「譬之宮牆：賜之牆也及肩，窺見室家之好；夫子之牆數仞（ㄖㄣˋ rèn），不得其門而入，不見宗廟之美、百官之富。得其門者或寡矣；夫子之云，不亦宜乎！」㊾

（〈子張〉）

叔孫武叔在朝上對大夫說：「子貢比仲尼高明。」子服景伯把這話告訴子貢。

子貢說：「好比是圍牆吧！我的圍牆不過及肩高，從外面可以望見房子的美好；老師的圍牆卻有好幾仞高，如果沒法從門戶進去，那麼，就見不到那美好、富麗的一切。能夠得其門戶進入的可能很少；武叔的話，也是難怪的。」

叔孫武叔毀仲尼。

子貢曰：「無以為也！仲尼，不可毀也。他人之賢者，丘陵也，猶可踰也；仲尼，日月也，無得而踰焉。人雖欲自絕，其何傷於日月乎！多見其不知量也。」㊿（〈子張〉）

叔孫武叔毀謗仲尼。

子貢說：「不用這樣做！仲尼，是不能毀謗的。別人的賢能，好比丘陵，還可以越過；仲尼的賢德，卻好比日月，沒法子越過的。一個人雖然想要自取毀滅，這對日月又有何傷！只不過顯得不自量力罷了。」

陳子禽謂子貢曰：「子為恭也，仲尼豈賢於子乎！」

子貢曰：「君子一言以為知，一言以為不知：言，不可不慎也。夫子之不可及也，猶天之不可階而升也。夫子之得邦家者，所謂立之斯立，道之斯行，綏之斯來，動之斯和：其生也榮，其死也哀，如之何其可及也！」㊿（〈子張〉）

陳子禽對子貢說：「你是客氣呀！仲尼難道比你高明！」

子貢說：「君子一句話就可以顯出是不是聰明；說話，是不能不謹慎的。老師的不可及，好比天是不能爬梯子而登的。老師如果能在一國當政，那麼他扶植的百姓就能站穩，誘導的百姓就能遵行，安撫的百姓就能歸來，鼓動的百姓就能響應：他活著受人尊敬，他死了受人哀悼，這種人我們怎麼能比得上他！」

鐘鼎山林，人各有志。退隱鄉野的田夫野老，看不慣孔子僕僕風塵、奔波列國的傻勁，所以不免批評幾句，這還有得說；叔孫武叔、陳子禽一類人就真莫名其妙，居然毀謗起仲尼來！

漢朝的學者鄭玄以為子禽是孔子弟子㊷。不過在《論語》裡，弟子當面稱孔子「子」，背後呼「夫子」；陳子禽直呼「仲尼」，非弟子禮！《史記·仲尼弟子列傳》沒有列載陳亢（子禽），想來太史公是有他的理由的。何況背後批評老師，在孔門中是沒有的。

叔孫武叔和陳子禽他們抬舉的對象都是子貢。子貢是孔門中很出色的一個學生，由於他語言方面的天分和通達的政治手腕[53]，使他成為孔門中的巨富。「子貢一出：存魯、亂齊、破吳、彊晉而霸越。」在國際舞臺上是個翻雲覆雨的厲害角色。

子貢喜歡批評別人[54]，不過，好在子貢還頗有自知之明，至少子貢自己承認他不如顏回那麼好[55]——一個人能承認自己不如人，就是不斷努力求進步的原動力！不是有句話說：知不足、然後足嗎！

子貢這一種「喜揚人之美」[56]的德行，使他沒有沉醉在叔孫武叔和陳子禽的掌聲中，倒是冷靜地指出孔子的偉大，和叔孫武叔、陳子禽言語的過失。

八

顏淵喟然歎曰：「仰之彌高，鑽之彌堅；瞻之在前，忽焉在後。夫子循循然善誘人：博我以文，約我以禮；欲罷不能。既竭吾才，如有所立卓爾，雖欲從之，末由也已！」[57]（〈子罕〉）

顏淵長歎道：「老師的道理是越仰慕越覺得崇高，越鑽研越覺得堅實；看著是在前面，一下子卻又在後面了。老師循循然誘人向善：他以書本上的知識廣博我的知識，以禮約束我的行為。我真是想停止都不可能。我已經竭盡所能，一切就高高的豎立著，我雖想跟從，卻辦不到！」

儀封人請見，曰：「君子之至於斯也，吾未嘗不得見也。」從者見（ㄒㄧㄢˋ xiàn）之。出，曰：「二三子何患於喪乎！天下之無道也久矣，天將以夫子為木鐸。」㊽（〈八佾〉）

儀邑的守疆界的人請求見孔子，說：「凡到這裡的君子，我沒有不得見到的。」跟隨孔子的弟子就讓他見了孔子。封人見過孔子後出來，說：「你們何必為文化要斷絕而擔憂！天下已經亂了很久了，上天將會讓你們老師做復興文化的工作。」

善意的諷諫也罷，令人無可奈何的挖苦也罷，莫名其妙無聊的批評也罷，孔子還是孔子，他不會因為畏懼挑戰、逃避現實，而放下自己該做的事，改變自己該走的路。孔子是一位思想成熟的君子，他知道自己該做什麼、該怎麼做！他不憂不懼——如果一個人為真理、為自己人生的目標而吃苦，甚至獻出他的生命，他也會甘之如飴的！十字架總得有人扛，責任總得有人擔，事情總得有人做！「哪能盡如人意，但求無愧於心！」每一個人的心志不同，眾說紛紜、眾口雌黃，在所難免；如果外界的噪音，就能改變一個人的生活，那生活的態度是太多變了。

生命是苦難的開始，有了生命就有了煩惱；逃避並不是辦法，就像我們不能怕煩就結束生命——那是懦弱的行為！我們只有面對現實、克服困難，達到覺悟的彼岸！所以孔子對人生種種，一體擁抱，透過了實行來表達他對人、對天下的大愛。

我們可以見小溪潺潺的全貌，卻很少有機會眼觀江海波濤洶湧的全貌。短視的人批評孔子，但也僅止於批評，孔子是不會因人褒貶而有所改變的。不過，我們讀讀孔子最欣賞的顏淵對孔子的感受，也許會讓我們對孔子有更深一層的認識：「仰之彌高，鑽之彌堅！」聽！一句句啟明發聵的叮嚀！孔子提倡有教無類、提倡仁、提倡恕，世界上最大的經典也只配做他的注腳。「生命不是自己擁有，必也使別人同樣享受生命的樂趣。」不是嗎?!

【註釋】

① 孔子父叔梁紇、母顏氏，乃是根據《史記．孔子世家》的記載。《禮記．檀弓下》：「夫子之母名徵在。」

② 《孔子家語》：「生三歲而梁紇死。」而《史記．孔子世家》只說「丘生而叔梁紇死」，沒說何年，大概總是年幼時失去父親。

③ 大宰問於子貢曰：「夫子聖者與？何其多能也！」子貢曰：「固天縱之將聖，又多能也。」子聞之，曰：「大宰知我者乎！吾少也賤，故多能鄙事。君子多乎哉？不多也！」（《論語．子罕》）

包注：「我少小貧賤，常自執事，故多能為鄙人之事。」

④ 《史記．孔子世家》：「禱於尼丘得孔子。」又說：「生而首上圩頂，故因名曰丘云，字仲尼姓孔氏。」

⑤ 朱注：十室，小邑也。

⑥ 邢疏：此章言孔子憂在修身也。德在修行，學須講習，聞義事當徙意從之，有不善當追悔改之。夫子常以此四者為憂；憂已恐有不修、不講、不徙、不改之事，故云是吾憂也。

⑦ 葉（ㄕㄜˋ），地名。孔曰：「葉公，名諸梁，楚大夫也。食采於葉，僭稱公。」

奚，何也。

劉疏：發憤忘食者，謂好學不倦，幾忘食也。樂以忘憂者，謂樂道不憂貧也。

⑧抑，語助詞。

皇疏：為，猶「學」也。

為之不厭，謂雖不敢云自有仁聖，而學仁聖之道不厭也。

⑨莫我知也夫：夫（ㄈㄨˊ），句末語助詞。

馬曰：孔子不用於世，而不怨天；人不知己，亦不尤人。

孔曰：下學人事，上知天命。

⑩識（ㄓˋ），記也。

⑪《莊子．胠篋》：「焚符破璽，而民朴鄙。」朴鄙，是同義複詞，朴，通「樸」；所以譯鄙為樸實。

空空如，是空空然的意思。

劉疏：「《釋文》：空空，鄭或作悾悾（ㄎㄨㄥ kōng）。鄭彼注云，『悾悾，誠慤也。』此鄙夫來問夫子，其意甚誠懇，故曰『空空如』。」

叩者，反問之也。因鄙夫力不能問，故反問而詳告之也。」

朱注：「兩端，猶言兩頭。」

⑫朱注：「處貧難，處富易，人之常情；然人當勉其難，而不可忽其易也。」

⑬這裡的「而」是「若」的意思。

朱注：「設言富若可求，則雖身為賤役以求之，亦所不辭，然有命焉，非求之可得也，則安於義理而已矣。」

⑭《說文》：「飯，食也。」段注：「食也者，謂食之也。此飯之本義也。引申之所食為飯。今人於本義讀上聲，於引申之義讀去聲。」

這裡的「飯」（ㄈㄢˋ）是動詞，是「吃」的意思。《詩．大雅．召旻》：「彼疏斯粺。」箋：「疏，麤也，謂糲米也。」麤，就是「粗」。食（ㄙˋ），《周禮．地官．廩人》：「治其糧與其食。」注：「謂米也。」疏食，就是粗米。

《說文》：「厷，臂上也。厶，古文厷。肱，左，或从肉。臂，手上也。」現在我們通用肱字，不用厷和厶；而肱和臂也常混言通稱。所以孔注：「肱，臂也。」

⑮鄭曰：季文子，魯大夫季孫行父也。文，謚也（是他的謚號）。文子忠而有賢行，其舉事寡過，不必及三思也。

⑯朱注：「弦，琴瑟也。時子游為武城宰，以禮樂為教，故邑人皆弦歌也。」

莞（ㄨㄢˇ），朱注：「莞爾，小笑貌。蓋喜之也。因言其治小邑，何必用此大道也。」

偃，言偃，字子游，孔子弟子；弟子在老師前，自稱名，老師亦直呼其名。

⑰朱注：「桴，筏也。」鄭曰：「子路信夫子欲行，故言好勇過我也。無所取材者，言無所取桴材也。以子路不解微言，故戲之耳。」

⑱衣（一ˋ），動詞，是穿的意思。

敝，壞也。

縕（ㄩㄣˋ），本指亂麻；朱注：「袍：衣有著者也。」縕袍，是絮了亂麻的袍子，是「衣之賤者」。

狐貉（ㄏㄜˊ），是皮裘，是「衣之貴者」。

「不忮（ㄓˋ）不求，何用不臧」見《詩經．邶風．雄雉》。朱注：「忮，害也。求，貪也。臧，善也。言能不忮不求，則何為不善乎。孔子引之，以美子路也。」

「是道也，何足以『臧』！」是孔子對子路的一句戲言。孔子聽子路常誦這兩句詩，所以對他講這句戲言。這個「臧」字，是沒有意義的。因為子路所誦的詩末字為「臧」，所以孔子就用這個「臧」字以代表子路喃喃的聲音。（毛子水先生說）

⑲華，古花字，經典裡花常寫作華。朱注：「唐棣（ㄉㄧˋ），郁李也。偏，《晉書》作「翩」。然則反亦當與翻同；言華之搖動也。而，語助也。此逸詩也。」

黃式三《論語後案》：「何解以此連上為一章；北宋諸儒多從之。蘇子瞻以詩為思賢不得之辭，別分一章。」

朱子集注把本章和上章「子曰：『可與共學，未可與適道；可與適道，未可與立；可與立，未可與權。』」分為兩章；較妥。

「未之思也夫！何遠之有！」這是孔子對弟子的戲言。當然，這是孔子對逸詩「豈不爾思、室是遠而」的評論。

這個「爾」是指的什麼？蘇東坡認為逸詩是表現思賢不得的，則「爾」自然是指的「賢」，這種講法自然發人深省。

⑳原壤，孔子的故舊。

夷，蹲踞也。俟，待也。

述，猶稱也。賊，害也。

脛（ㄐㄧㄥˋ），腳脛，自膝蓋到腳跟的部分。

㉑鄭注：「石門，魯城外門也。晨門，主晨夜開閉也。」

朱注：「蓋賢人，隱於抱關者也。」朱子認為這個守城門的人，是一位賢能的隱者；朱子這個看法自然是從下面晨門「知其不可而為之」不俗的談吐而來的。實在說來，《論語》所以錄這章，恐怕也是為了這句話吧！

㉒集解：「言將至死不聞世之有道也。」這個解釋最合經意！

〈雍也篇〉「魯一變，至於道」、〈里仁篇〉「士志於道」和〈微子篇〉「天下有道」的「道」，都以這個講法為合。這些道字，和「吾道一以貫之」、「古之道也」的「道」，意義完全不同！

自漢以來，除二三學者外，注釋《論語》的人，都把孔子「朝聞道」的話講錯了。

《漢書．夏侯勝傳》：「〔夏侯〕勝、〔黃〕霸既繫，霸欲從受經；勝辭以罪死。霸曰，『朝聞道，夕死可矣！』勝賢其言，遂授之。」這是最早的誤解孔子這句話的事例。（以上見毛子水先生《論語今註今譯》）

朱注：「道者，事物當然之理。」以道為道理，是普通對這章「道」字的講法。

朱注：「朝夕，所以甚言其時之近。」朝夕，是表示馬上、立刻的意思。

㉓朱注引程子曰：「孔子盛時，寤寐常存行周公之道，及其老也，則志慮衰而不可以有為矣。蓋存道者心，無老少之異；而行道者身，老則衰也。」

㉔《國語．周語上》：「內史過曰：周之興也，鸑鷟鳴於岐山。」

韋昭注：「三君云：鸑鷟，鳳之別名也。」

《說文》：「鳳，神鳥也。」

《墨子．非攻下》：「赤鳥銜珪，降周之岐社，曰：天命周文王，伐殷有國。泰顛來賓，河出綠圖。」

㉕馬曰：「韞（ㄩㄣˋ），藏也。匵（ㄉㄨˊ），匱也。謂藏諸匱中。」

《說文》段注：「匵與櫝音義皆同。」匱，俗作「櫃」。

「韞匵而藏諸」，雖然犯了言詞重複的毛病，不過古人自有複語；比如《詩經．衛風．碩人》：「碩人其頎」，碩已含大的意思。（《詩經．唐風．椒聊》：「碩大無朋。」）頎（ㄑㄧˊ qí），也是形容身材高大的樣子。

賈，音義同「價」；善賈，就是高價。沽（ㄍㄨ），賣也。

這裡的「諸」是「之乎」的合音。（王引之《經傳釋詞》：「急言之曰諸，徐言之曰之乎。」）

㉖朱注：「微生，姓；畝，名也。畝，名呼夫子而辭甚倨，蓋有齒德而隱者。」

栖（ㄒㄧ，又音ㄑㄧ qī），栖栖，是不安的樣子。

朱注：「為佞（ㄋㄧㄥˋ），言其務為口給以悅人也。疾，惡也。」

包曰：「病世固陋，欲行道以化之。」

㉗朱注：「成子，齊大夫，名恆。簡公，齊君，名壬。事在春秋哀公十四年。」

沐，洗頭；浴，洗身。劉疏：「禮於常朝不齊；此重其事，故先齊也。」按：劉疏的「齊」即「齋」，凡齋必沐浴。

三子指仲孫、叔孫、季孫三卿，當時魯國的政權都在三家手中。

㉘陳，音義同「陣」；問陳，就是問戰陣之事。俎（ㄗㄨˇ）豆，是古代的禮器，是用來朝聘和祭祀的。

㉙《史記．孔子世家》：「定公十四年，孔子由大司寇行攝相事；與聞國政，齊人聞而懼。……於

是選齊國中女子好者八十人，皆衣文衣而舞康樂，文馬三十駟，遺魯君。陳女樂文馬於魯城南高門外。……季桓子卒受齊女樂。三日不聽政，郊又不致膰俎於大夫。孔子遂行。」清崔述《洙泗考信錄》二列本章於「存疑」，說：「按孟子但言『不用、從而祭、不稅冕而行』；未嘗言『歸女樂』一事。」

㉚趙注：「陽貨，魯大夫也。」

歸，有一本作「饋」，是贈送的意思。

《孟子．滕文公下》：「陽貨欲見孔子而惡無禮。大夫有賜於士，不得受於其家，則往拜其門。陽貨瞯孔子之亡也而饋孔子蒸豚。」

《廣雅．釋言》：「時，伺也。」

這裡的「諸」等於「之於」。塗，同「途」，道途也。

「來、予與爾言」下的「曰」字，似不應有，因為「懷其寶」以下的話，還是陽貨講的；不過古書裡記語氣更換時，偶而也加個「曰」字。「懷其寶而迷其邦，可謂仁乎？曰：不可！」這個「曰」字乃是一個人自為問答時用的。（《經傳釋詞》二：「有一人之言而自為問答者，則加『曰』字以別之。」

亟（ㄑㄧˋ），是頻頻、屢次的意思。

《禮記．玉藻》：「父命呼，唯而不諾。」注：「唯，速而恭；諾，緩而慢。」孔子對陽貨的話只是漫答虛應，所以用「諾」，從「諾」字，可以體會孔子無可奈何的心情。

㉛朱注語。

㉜見孔安國注。

㉝陳亢（ㄍㄤ），字子禽。伯魚，孔子的兒子孔鯉的字。

趨，疾行也。

㉞顏路，顏回父顏無繇的字，路也曾是孔子的弟子。

朱注：「椁（ㄍㄨㄛˇ），外棺也。」

宦懋庸《論語稽》：「請車為椁，朱注從孔說：以為賣車買椁。箋注家皆無以正其誤。按：賣車買椁之說有八不可解。……今考《禮經》，乃知顏路請車為椁，蓋欲殯時以孔子之車菆塗為椁，非葬時之椁也。」

《孔子世家》：「孔子生鯉，字伯魚；伯魚年五十，先孔子卒。」

《說文》：「徒，步行。」

《禮記．王制》：「君子者，老不徒行。」

㉟見《史記．仲尼弟子列傳》和《孔子家語》。

㊱厲，嚴正。《左傳．襄三十一年》：「有威而可畏謂之威。」

㊲鄭注：「恂恂，恭慎貌。」

朱注：「似不能言者，謙卑遜順、不以賢知先人也。鄉黨，父兄宗族之所在；故孔子居之，其容貌辭氣如此。」

鄭注：「便便，辯也。雖辯而敬謹。」

朱注：「宗廟，禮法之所在；朝廷，政事之所出：言不可不明辯，故必詳問而極言之；但謹而不放爾。」

㊳朱注：「綱，以大繩屬網，絕流而漁者也。」以繩繫矢而射叫弋（ㄧˋ）。

朱注：「宿，宿鳥。」

㊴韶，舜樂。朱注：「《史記》『三月』上有『學之』二字。不知肉味，蓋心一於是而不及乎他也。」

按：「三月」上添「學之」，較合；下文正作「為」樂，為樂，就是學音樂。

㊵朱注：「反，復也。必使復歌者，欲得其詳而取其善也。」和（ㄏㄜˋ），唱和。

㊶孔曰：「無所歸，無親昵也。」

㊷朱注：「師，樂師，瞽者。冕，名。」

吳志忠的朱注刻本於「與師言之」下作逗，「之」是所言者。

相（ㄒㄧㄤˋ），助也。

㊸畏，受了危難。（見毛子水先生《論語今註今譯》）

《史記．孔子世家》：「孔子適衛。或譖孔子於衛靈公；孔子去衛。過匡，匡人聞之，以為魯之陽虎。陽虎嘗暴匡人；匡人於是遂止孔子，拘焉，五日。弟子懼；孔子曰，『文王既沒，……匡人其如予何！』孔子使從者為甯武子臣於衛，然後得去。」

《世家》的記載崔述以為不足信，他在他的《洙泗考信錄》卷三曾加論辯；《莊子．秋水篇》、《說苑．雜言篇》都有子畏於匡的記載，匡或以為是衛邑、或以為是宋邑、或以為是鄭邑，眾說紛紜，不過子畏於匡的說法倒是流傳很久——戰國時人還在述說這件事情。

文，指文化。

㊹ 病，皇疏：「困也。」這個病可以泛稱所有身體上的「困」，生病當然是其一；另外像本章的餓死了，《孟子》中有云：「今日病矣，予助苗長矣。」病，朱注：「疲倦也。」我們說：累死了。

《左傳．僖公二十八年》：「使問且視之，病、將殺之。」箋：「病，傷重也。」是。

朱注：「興，起也。」

何氏曰：「濫，溢也。言君子固有窮時，不若小人，窮則放溢為非。」

㊺ 磬（ㄑㄧㄥˋ），古代用石製成的樂器。

荷（ㄏㄜˋ），擔也。

《說文》：「蕢，艸器也。」屮，是草木初生；艸，是百草；艸，我們現在寫成草。

硜（ㄎㄥ），硜硜，是擊磬聲。

劉疏：「斯已者，言但當為己，不必為人；即孟子所云『獨善其身』者也。」

「深則厲，淺則揭（ㄑㄧˋ）」，見《詩經・邶風・匏有苦葉》。《詩》傳：「以衣涉水為厲。揭，褰衣也。遭時制宜，如遇水深則厲、淺則揭矣！」

朱注：「果哉，歎其果於忘世也。末，無也。聖人心同天地，視天下猶一家、中國猶一人，不能一日忘也；故聞荷蕢之言而歎其果於忘世：且言，人之出處，若但如此，則亦無所難矣！」

㊻朱注：接輿，楚人，佯狂辟世。

已，止也。

而，語助辭。

殆，危也。

鄭注：下，下堂出門也。（皇本、正平本章首「過孔子」下有「之門」二字。）

㊼鄭云：「長沮（ㄐㄩ）、桀溺，隱者也。」

朱注：「耦（ㄡˇ），並耕也。時孔子自楚反乎蔡。津，濟渡處。執輿，執轡在車也。蓋本子路御而執轡，今下問津，故夫子代之也。知津，言數周流，自知津處。以，猶與也。言天下皆亂，將誰與變易之。而，汝也。辟人，謂孔子。辟世，桀溺自謂。耰（ㄧㄡ），覆種也。憮（ㄨˇ）然，猶悵然；惜其不喻己意也。

言所當與同群者，斯人而已，豈可絕人逃世以為潔哉。天下若已平治，則我無用變易之；正為天下無道，故欲以道易之耳。」

㊽包曰：「丈人，老人也。」

《說文》：「莜，耘田器。《論語》曰：『以杖荷莜。』」

包曰：「丈人云：不勤勞四體，不分植五穀，誰為夫子而索之耶？」包以「分植」訓「分」，這個說法和《禮記．王制》「百畝之分」相同，就是種植、分種的意思。

朱注：「責其不事農業而從師遠遊也。植，立之也。芸，去草也。」芸，漢石經作「耘」。芸原來的意思是香草，這裡假芸為耘。

見其二子的「見」音ㄒㄧㄢˋ。《左傳．昭二十年》：「乃見鱄設諸焉。」疏：「謂為之紹介。」現在我們說「引見」。

㊾叔孫武叔，馬曰：「魯大夫叔孫州仇；武，諡也。」

語（ㄩˋ），是把話告訴別人。

宮牆，劉疏：「室四周有牆，命寢廟皆居其中，牆南面有門以通出入。」大概就是現在我們說的「圍牆」。

仞（ㄖㄣˋ），包曰：「七尺曰仞。」

㊿毀，毀謗也。朱注：「無以為，猶言無用為此。日月，喻其至高。自絕，謂以毀謗自絕於孔子。多，與祇同；適也。不知量，謂不自知其分量。」

51 為，偽也。《荀子．性惡篇》：「人之性惡，其善者偽也。」楊倞注：「偽，為也。」是「作為」的意思。

52 見〈學而篇〉「子禽問於子貢」章注疏引鄭注。道，音義同「導」。綏，安也。

53 〈先進篇〉：「德行：顏淵……言語：宰我、子貢……」

54 〈憲問篇〉：「子貢方人。子曰：『賜也賢乎哉！夫我則不暇。』」〔季康子〕曰：「賜也可使從政也與？」〔子〕曰：「賜也達，於從政乎何有！」（〈雍也篇〉）《釋文》：方人，鄭本作謗人，謂言人之過惡。

55 子謂子貢曰：「女與回也孰愈？」對曰：「賜也何敢望回！回也聞一以知十；賜也聞一以知二。」（〈公冶長篇〉）女，音義同「汝」。愈，勝也。

56 見《史記．仲尼弟子列傳》。

57 朱注：「喟，歎聲。仰彌高，不可及。鑽彌堅，不可入。在前在後，恍惚不可為象。此顏淵深知夫子之道無窮盡、無方體，而歎之也。」

循循然，善誘貌。

㊿鄭曰：「儀，蓋衛邑。封人，官名。」

「從者見之」：「見」（ㄒㄧㄢˋ），是引見的意思。

喪，似乎應釋為「天之將喪斯文」的喪。（見毛子水先生《論語今註今譯》。）

學——溫故而知新

子曰：「吾嘗終日不食，終夜不寢，以思，無益；不如學也。」

——《論語・衛靈公》

學——溫故而知新

半畝方塘一鑑開，天光雲影共徘徊。
問渠那得清如許？為有源頭活水來。

這是《論語集注》的作者宋朝朱熹的〈觀書有感〉二首之一；源源不絕的活水，使方塘清澈似鏡，映照天光雲影、佳趣天成。人活著之所以美好，就在於能夠學習，學習使人日日新，而精進不已，止於至善。

孔子一生努力向學，並且也幫助努力向學的人，其實說「幫助」也並不全符合事實。孔子曾說：「顏回，並不是有益於我的，他對我的話無不悅服。」①《禮記．學記篇》裡有「教學相長」的話，如果教者因學者的發問而深思，則就是學者有益教者。顏回是孔子許為「好學」的弟子，但說來孔子對他也不無少憾。

我們覺得孔子一生最偉大的行徑，就是首先開科授徒——普及教育，導民於善。我們知道古代受教育是貴族的專利，一般平民是沒有機會接受教育的！由於平民沒有機會受教育，民智未啟，一般人的生活就如一泓死水，人生的境界永遠無法提升，更不必說到參與政治的機會了。

由於外族的入侵，周室東遷，天子的勢力式微，代之而起的是諸侯的勢力，這代表著一種意義：只要有力量，就可以在政治舞台上扮演角色；武力、智慧，都是力量；學是提高智慧的唯一途徑！

另一方面，孔子個人的思想相當開明，我們看他對仲弓說：「耕牛所生的小牛，長得混身火紅又頭角方正；這樣的牛，人們也許因為牠的出身而不用牠為祭品，難道山川的神會因為牠是耕牛之子而不歆饗嗎！」②

孔子的時代，職位世襲的制度還很盛行，父死子繼是當然之理；孔子對這種制度深不以為然。

孔子說：「其身正，不令而行；其身不正，雖令不從。」(〈子路〉)政治的好壞在乎人，所以為政要舉賢才；聖主賢臣，政治自然清明，庸主奸臣，政治必定敗壞，這是一定的道理。

孔子對仲弓的話，用「犁牛」比平民，「騂（ㄒㄧㄥ xīng）且角」喻賢而多能，雖然身為平民，但本身賢能，就應該在政治方面得到機會、嶄露頭角，看來世襲祿位的制度是孔子所不滿的。開啟民智，開採智慧的礦，最可靠也可說是唯一的途徑，就是「學」。

子曰：「由也，女（ㄖㄨˇ rǔ）聞六言六蔽矣乎？」對曰：「未也。」「居，吾語（ㄩˋ yù）女。好仁不好學，其蔽也愚；好知不好學，其蔽也蕩；好信不好學，其蔽也賊；好直不好學，其蔽也絞；好勇不好學，其蔽也亂；好剛不好學，其蔽也狂。」③（〈陽貨〉）

孔子說：「由，你聽說過六種美德和六種流弊的說法嗎？」子路回答說：「沒有。」孔子說：「坐下！我告訴你。好仁而不好學，便會流於愚蠢；好知而不好學，便會流於放蕩；好信不好學，便會流於賊害；好直不好學，便會流於絞急；好勇不好學，便會造成禍亂；好剛不好學，便會陷於狂妄。」

子曰：「吾嘗終日不食，終夜不寢，以思，無益；不如學也。」（〈衛靈公〉）

孔子說：「我曾經整天不吃、整夜不睡，用來苦思，卻徒勞無功；還真不如學習來得有益！」

孔子重視學，自然有他充分的理由。從事實方面可以發現；仁、知、信、直、勇、剛，都是美德，但好德不好學，就流於：愚、蕩、賊、絞、亂、狂，真所謂南轅北轍、令人徒歎。

一個人所以持某種看法，一方面固然由於外力（比如師長或書本）的影響，另一方面得之於個人體驗者尤多。比如王貫英先生，他個人深深體會失學的痛苦、了解求學的重要，所以他以「廢紙興學」，用金錢、書籍幫助讀書人。

我們都曾做夢，莊子卻因夢而使他的哲學思想圓融：有一次莊子夢見自己化為一隻蝴蝶，展著彩色的翅膀飛舞，真是隻美麗的蝴蝶，稱心快意啊！一下醒了，夢碎了，驚覺到莊周還是莊周，是莊周夢為蝴蝶？還是蝴蝶夢為莊周？由這個綺麗的夢，使莊子體驗夢覺、死生的道理。

只要我們認真體驗，處處有詩情、有真理，不是嗎！我們回過頭來說孔子的體驗：他曾不吃、不睡，卻苦思不得。事實證明：學最有益！

子曰：「性，相近也；習，相遠也。」④（〈陽貨〉）

孔子說：「人本來的才性，是相近的；由於教育和環境的不同，人和人便很不同了。」

子曰：「唯上知與下愚，不移。」⑤（〈陽貨〉）

孔子說：「只有上知和下愚，是不能改變的。」

子曰：「中人（以上），可以語（ㄩˋ yù）上也；中人以下，不可以語上也。」⑥（〈雍也〉）

孔子說：「中等人，可以誘導他成為上等人；中等以下的人，就不能誘導他向上。」

孔子以為人大體分上、中、下三等。上知和下愚只是人類中的極小部分，其餘絕大多數人都是中人才質，為善、為惡，全看後天的教育和環境的影響了。基於這種觀點，所以孔子特別強調學的重要；雖然孔子也承認教育和環境對上知和下愚並不發生影響，但上知和下愚，在人類中所占比例極小；教育能提升絕大多數的中人的人生境界，學習的價值就在於此。

比孔子晚差不多一百年的孟子和荀子，對人性也有精闢的見解：孟子以為「人皆有不忍人之心」（〈公孫丑上〉）。什麼是不忍人之心？當我們看見一個小娃娃爬到井邊，快掉到井裡去了，一種緊張和憐憫的心情，使我們立刻把他抱開，這只是一種自然而然人類同情心的外表行為，我們這麼做，當然不會是為了和小娃娃父母拉交情，也不會是為了在地方上得好名聲，更不會是害怕別人說我們見死不救！

孟子由這種體驗證明：人性本善。

孟子說：「惻隱之心，人皆有之；羞惡之心，人皆有之；恭敬之心，人皆有之；是非之心，人皆有之。惻隱之心，仁也；羞惡之心，義也；恭敬之心，禮也；是非之心，智也。仁義禮智，非由外鑠我也，我固有之也；弗思耳矣。故曰：求則得之，舍則失之。」（〈告子上〉）

孟子以為人性本善，仁義禮智等美德，乃人類固有，不待外求。但是，人性既本善，為什麼還有壞人？孟子以為那是人不「思」，以致放失其心，做壞事、為惡行。解救之道是：「學」！他說：「學問之道無他，求其放心而已矣。」（〈告子上〉）人性本善，人只要覓得放失的善心，發揮人性，就是學問之道。

荀子以為「性」是天生自然的（見〈性惡篇〉），「善」既然和「性」有「離」的事實（所以世上有壞人），那麼孟子的性善說就站不住腳（見〈性惡篇〉）。荀子主張性惡，但性善、性惡也只是字面上看著相反，兩說的哲學內容上並不全然相反。我們以為要了解哲學的內容，必先弄清楚哲學家所用的名詞的涵義，比如儒家和老莊提出的「聖人」，境界全不相同。

在中國古代的哲學家中，荀子是比較實際、很少形而上興趣的一位。荀子以為性是「生之所以然」、「不事而自然」的、是天生自然的。

荀子又說：「凡古今天下之所謂善者，正理平治也；所謂惡者，偏險悖亂也。是善惡之分也已。」（〈性惡〉）

「禮義之謂治，非禮義之謂亂也。」（〈不苟〉）

「正理平治」是善，「偏險悖亂」是惡；治亂是善惡的標準。「禮義」是治是善，「非禮義」是亂是惡。

荀子把和現實生活發生關聯的治亂、禮義、非禮義來界定善惡。舉例說：人性都好利，如果順性而為，那麼必生爭奪；我們看社會上頻傳的經濟犯罪和盜竊、搶掠案！人性好嫉妒，如果任性，那還有什麼害人勾當做不出來！人都貪耳目之欲，又好聲色，任性而為，那人和禽獸有什麼不同！

我們透過《荀子‧性惡篇》所舉的例證看，則他所說的「性」，實際就是「欲」，餓了要吃、睏了要睡、累了要休息，是人自然的欲念，凡人都一樣。所以荀子說：「故聖人之所以同於眾，其不異於眾者，性也。……凡人之性者，堯舜之與桀跖，其性一也；君子之於小人，其性一也。」（〈性惡〉）

欲念本身本無所謂善、惡，但如果順性而為：餓了就順手拿麵包店的麵包！他那麼多錢，我也需要錢，把他的錢弄點來花花！好了，偷、搶的事件就發生了，社會就亂了。順性的結果是亂，結果為惡，所以歸因於惡，因此，性惡論就成立了。

性既為「惡」，而人性都一樣，那麼社會上的好人從哪裡來的？學！「人之性惡，其善者偽也。」（〈性惡〉）這「偽」字要特別仔細去體會！偽不是偽裝、不是偽君子，「偽」是人為，性是天生自然、偽是後天人為，是發揮人為力量而促成的，那人為的力量，自然就是學。由於荀子對人性深刻的認識，所以荀子特別重師、勸學！（《荀子》第一篇就是〈勸學〉）

由於哲學名詞內涵的不同，荀、孟對人性的看法雖不同但並非完全相反，但是不管主性善的孟子或主性惡的荀子，都有一種看法：人生是光明的！只要學（不管是找回放失的善心，或是約束自然的欲念。）人人都可以成為好人、聖人！（《荀子．性惡》：「塗之人，可以為禹！」《孟子．滕文公上》孟子引顏淵的話：「舜何人也！予何人也！有為者亦若是！」）

孔子雖然沒有論及性之為善為惡的問題，但是「中人可以語上」的認知，使他對人生、對教育產生無比的信心！人只要學，一定能好：「人人可以為堯舜！」除非個人妄自菲薄、自暴自棄。看來，要提高人類的品質、改善世界的紊亂，教育是最可行的良方。孔子在兩千五百年前就已經見出這個道理，而且教學不怠，大哉！孔子！

孔子曰：「生而知之者，上也；學而知之者，次也；困而學之，又其次也；困而不學，民，斯為下矣！」⑦（〈季氏〉）

孔子說：「生下來就知道的，是上等人；學了而後知道的，是次等人；遇了難題知道自己不行而後學的，是又次一等人；遇了難題卻不學習以求解決的，這種人，是最下等的了！」

子曰：「我非生而知之者，好（ㄏㄠˋ hào）古，敏以求之者也。」⑧（〈述而〉）

孔子說：「我並不是生下來就什麼都知道的，我只是喜好古代聖賢留下來的知識，努力學來的。」

說來真洩氣！有人天生聰慧，智商一四〇以上，一目十行、過目不忘；有人資質平平，黽勉以求，才得稍進。看來人天生是不平等的！「人一能之己百之，人十能之己千之。果能此道矣，雖愚必明。」（《中庸》）人天生的資質也許不平等，但這種不平等並不是不可改變的，只要我們有決心、信心、恆心，天才可以一目十行，我們可以一行十目，下別人十倍、百倍的功夫。天才可以過目不忘，我們也可以過目不忘！

事實上「生而知之」的「上知」很少，孔夫子自己都承認他是努力學得知識的！天才雖然可以一目十行，可是他還是得下功夫，當然他可以用較少的精力得到較好的成績，但功夫還是要下的。

「成功是一分的天才、九十九分的努力！」愛迪生那樣頭腦的人都有這種認知，我們怎能不重視學習、不努力用功！「或生而知之；或學而知之；或困而知之；及其知之，一也。」《中庸》學說可以使人天生資質的不平等扯平，除非我們妄自菲薄、甘為下民、困而不學！

子曰：「學如不及，猶恐失之！」（〈泰伯〉）

孔子說：「黽勉向學，要好像來不及似的，就是這樣，還怕有所遺漏！」

子曰：「語之而不惰者，其回也與！」⑨（〈子罕〉）

孔子說：「告訴他道理而聽不倦的，恐怕只有顏回吧！」

子曰：「譬如為山：未成一簣（ㄎㄨㄟˋ kuì），止，吾止也！（譬如平地）雖覆一簣，進，吾往也！」⑩（〈子罕〉）

孔子說：「（進德修業）好比那堆土造山：只差一籠土這預期的山就造成了，可是這造山的人卻止住了，那我也只好說他是到此為止（算不得成功）！雖然剛開始倒下第一籠土，但是這個造山的人立定志向、勇猛精進，那我要說他必日日進步、終底於成！」

蘇東坡有兩句詩「作詩火急追亡逋，清景一失後難摹。」（〈臘日遊孤山訪惠勤惠思二僧〉）逋是逃竄的意思，亡逋是指逃犯。

作詩靠靈感，而靈感的光火一閃即逝，失就不可再得；所以怎麼樣捕捉靈感是一個大問題。東坡以追捕逃犯做比喻：追捕逃犯是一刻也不容遲緩的，一旦犯人沒入人群，再要捕捉，就是大海撈針了。

孔子說到學習的態度，要積極、要「如不及」。《禮記．問喪》：「望望然、汲汲然，如有追而弗及也。」我們平常可以看到周圍的某些人鑽名營利，那種汲汲營營、那種「未得之也、患得之；既得之、患失之。」（〈陽貨〉）沒得到時怕得不到，到了手又怕失去；那種「鄙夫」行徑，自然可笑。可是，如果我們把孳孳為利的精神，移轉於「孳孳為善」（《孟子．盡心》），那麼我們已經把握了學習的正確態度。

人，活到老學到老；時間是以生命為準的——死而後已，層面是道在螻蟻、道在屎溺。⑪道理是無所不在的，以我們有限的生命去追求那廣博無垠的知識瀚海，我們只恨生命不長久。

久旱初雨的情景，見過嗎？那臨空而下的甘露，都讓土地快樂地啜吸了——每一滴！進德修業必得有學習的熱情、積極的態度，支持這種熱切態度的，是不惰、永不懈怠！

我們平常說：「好的開始是成功的一半」，但是「靡不有初，鮮克有終！」（《詩經．大雅．蕩》）三分鐘熱度是常人的毛病，即便是有了好的開始，但好的開始並不等於成功，成功仍然要努力，不懈怠的努力才能獲得；我們常說天下沒有不勞而獲的，不是嗎？我們常見到別人成功了，但我們見不到成功背後的影子——努力！

我們往往豔羨成功運動員一躍而起，接受群眾歡呼的神氣，我們卻很難體會，這一躍是得經過多少的苦練與煎熬。

當然，好的開始雖然不等於成功，但沒有開始永遠沒有成功，只要我們開始，我們就有成功的希望！而開始沒有早晚的分別，只有開始或不開始的分別。

也許我們以前曠廢時日、荒怠學業，也許我們以前飽食終日、無所用心，沒關係！「從前種種譬如昨日死，以後種種譬如今日生。」從今天，不！從現在開始，只要我們有決心、信心、恆心，再下苦心，天下那有不可成的事！怕就怕虎頭蛇尾、「功虧一簣」，就像那有題目、有首卻沒尾的作文，永遠算不得是篇文章。

子曰：「不曰『如之何，如之何』者，吾末『如之何』也已矣！」⑫（〈衛靈公〉）

孔子說：「一個不常說『怎麼辦、怎麼辦』的人，我對他也不知道『怎麼辦』了！」

子曰：「不憤，不啟；不悱（ㄈㄟˇ fěi），不發。舉一隅而示之，不以三隅反，則不復也。」⑬（〈述而〉）

孔子說：「一個人不到了因自己所知不足而憤懣，我是不會去開導他的；一個人沒到了為求知而悵恨，我是不會去啟發他的。我告訴他一種道理，他不能舉一反三，那我就不再教他了。」

子曰：「見賢，思齊焉；見不賢，而內自省也。」⑭（〈里仁〉）

孔子說：「見到賢人，（便用心學他，）希望和他齊頭並進；見到不好的人，便自我反省（，是不是有和他一樣的毛病）。」

子曰：「三人行，必有我師焉。擇其善者而從之；其不善者而改之。」⑮（〈述而〉）

孔子說：「幾個人走在路上，其中就有我的老師。他們以為好的事，我就做；他們以為不好的事，我就改。」

曾子曰：「吾日三省吾身：為人謀而不忠乎？與朋友交而不信乎？傳，不習乎？」⑯（〈學而〉）

曾子說：「我每天以三件事反省我自己：我替人計議事情盡心了嗎？和朋友交往誠信嗎？傳授學業，自己本身對學業很熟嗎？」

所謂師父領進門，修行在個人。一個人做任何事，特別是學習，必須有強烈的自覺心。一個人遇到問題，不自問也不問人「怎麼辦」，聖人也拿他沒辦法。求學就好比游泳，我們必須入水，才能游泳；同樣的，求學問，必須鑽進問題裡面，面對問題，接受問題的挑戰，問題才有解決的可能。

王國維先生在《人間詞話》裡說：古今之成大事業、大學問者，必經過三種之境界：

「昨夜西風凋碧樹，獨上高樓，望盡天涯路」此第一境也；

「衣帶漸寬終不悔，為伊消得人憔悴」此第二境也；

「眾裡尋他千百度，驀然回首，那人卻在燈火闌珊處」此第三境也。

王國維先生以詞來譬況成大事業、大學業的三種境界：獨出心裁、別具新意，雖然所表和原詞意思或有出入，也無大礙吧！

這第一境是：繁華落盡、獨立高樓、天涯茫茫。我們想那該是孤獨、茫然，不知何所之、何所往的人生況味！

那第二境是：黽勉從事、衣帶漸寬、為伊消瘦。那是為了要找到了奮鬥的目標，而一往直前，義無反顧的狂熱！

第三境是：尋尋覓覓、驀然驚覺、發現了，我們必須忍受孤獨、煎熬，才能發現，發現我們探求的問題的答案。

在物理上有一個很重要的原理：阿基米德原理，因為這個原理是阿基米德發明的，所以以他的名字命名；這是一個有關液體浮力的定律，阿基米德在發現這個定律之前，百思不得。有一次他放了太多的洗澡水，人一進澡盆，水就溢了出來，他恍然大悟，跳出了澡盆，大喊著：發現了！發現了！那一份狂喜，真不可言喻。

自省——不斷的自我反省，是一個人學習過程中，能夠不斷進步的重要因素。事實上，在我們周圍的事事物物，都能夠幫助我們學習——如果我們能自覺、自省。

一片油滑的柏油路面，上面只要有一條小裂縫，一棵小草就會從那細小的裂縫冒上地面，像細米粉那麼瘦的身子，卻挺立著、隨風款擺，活得又精神又快樂；人稟受生命就該精神、快樂地活，不是嗎？

在孔子看來，各色人等，不管賢、不賢，全都有助於他，子貢說：「我的老師到處都可學，卻沒有一定的老師。」⑰看來子貢是很了解老師的。

「蛛絲閃夕霽，隨處有詩情。」午後一陣雨，停了，迎著夕照，蜘蛛絲上的小水滴像一顆顆碎鑽，閃著斑斕的光束。對了，古代在西方，英國蘇格蘭王被英格蘭王打敗了，他一敗塗地，無路可走了，躲在個茅屋裡，心想：這下完了！忽然他看見一隻蜘蛛在結網，失敗了又重結，他心裡很受感動；立刻收集殘部，奮勇作戰，終於趕走英格蘭人，收復失土。看來周圍的一切事物，的確經常臨照我們，使我們清醒。

子曰：「由，誨女知之乎？知之為知之，不知為不知；是知也。」⑱（〈為政〉）

孔子說：「由，我教你的，你都能知道嗎？你知道的就說知道，不知道的就說不知道；這就是真正的知道。」

子曰：「蓋有不知而作之者，我無是也。多聞，擇其善者而從之；多見而識之，知之次也。」⑲（〈述而〉）

孔子說：「世上似乎有一些人，自己明明沒什麼知識，卻偏偏裝作很有知識似的；我沒這個毛病。一個人多聽、多看而牢記在心裡，那也就接近『知』了！」

希臘神廟發出了神讖（神的預言）說：蘇格拉底是全希臘最聰明的人。蘇格拉底知道後，很覺莫名其妙：我並不聰明呀！可是神是不會騙人的！這其中一定有祂的道理。

蘇格拉底於是去找政治家、大商人，這些他以為最聰明的人談話，結果他發現：神所以說他是全希臘最聰明的人的理由是：全希臘只有蘇格拉底以為自己不聰明，所以神讚許他最聰明！

人的毛病在經常強不知以為知，我們要學習的是：知不足——知道什麼是我們不知道的。

考試前的總複習，老師問：有問題嗎？同學有的瞄一眼書，有的快速地翻一遍書，問題？問題在哪兒？在考卷上！演算一道數學，一張張草稿紙揉爛了，真煩死人了！解不出來，是夠煩的，可是比那不知從何下手的——一部十七史，從何說起！要強多了。

若是以王國維先生所謂的學習境界來說：煩不知從何下手，是第一境；茫無頭緒，煩解不了題，是第二境；柳暗花明就在眼前！現在我們能夠懂得了：為什麼愈有學問的人愈謙虛。問學的結果使我們知道，我們不知道的事情到底有多少！

一個人知道他不懂的事情尚多，他自然不會自驕自矜；所以古人說：「知不足，然後足。」孔子能免除「強不知以為知」的毛病，但平常人卻常犯這個毛病；因為人都有虛榮心，怎麼樣破除這種虛榮的念頭，正是我們所要學習的！孔子所要告訴子路的，也正是這一點。

子曰：「學而不思則罔，思而不學則殆。」⑳（〈為政〉）

孔子說：「勤求學問而不用心思索，那還是罔罔然無所知的；只是挖空心思去想卻不勤求學問，那還是疑難叢生得不到確實的知識的。」

子曰：「賜也，女以予為多學而識（ㄓˋ zhì）之者與？」

對曰：「然！非與？」

曰：「非也！予一以貫之。」㉑（〈衛靈公〉）

孔子說：「賜呀！你以為我只是多聞、多見，並且把所聞見的都默記在心裡嗎？」

子貢回答說：「我是這麼想！難道不是嗎？」

孔子說：「我做學問，並不是只靠博聞強記；我求學問時，總是用一個中心事物以統攝所聞見的。」

在《論語》的〈里仁篇〉有「參乎，吾道一以貫之」，也有「一以貫之」的話。〈里仁篇〉的「一以貫之」和這裡所引〈衛靈公篇〉的並不同。〈里仁篇〉的「一以貫之」，是孔子說他的道理用一個中心思想就可以貫串，這一個中心思想就是曾子所謂的「忠恕」，是孔子所有思想的核心，是永不變更的。

這裡的「予一以貫之」，是孔子講他平日做學問的方法；這個「一」，是他求知識時最注意的事情。博聞強記的結果，腦海中可能是一團駁雜，但如果心中有主旨，知道自己所最注意的事是什麼，以這中心事物條貫所聞見的，這種毛病就能避免。心中最注意的事物，一時也許是「為仁」，他時也許是「孝弟」，是因時而變的。孔子答子貢以「非也」，當然不是「非」多學的，而只是「非」一個人博聞強記之餘，不能條貫所聞見的；學而不思，所得只是些片段的記憶。

如果我們能用心思把所學條貫、理論，那麼「多聞多見而識之」自然是最有益的事情。「學而不思」：「學」等於「多聞多見而識之」，「思」等於「一以貫之」，這個「思」，是學的一部分事情，是學習過程中一個重要的方法。比如我們學英文，我們背生字、背動詞變化，甚至背文法，我們只用頭腦去背，卻不用頭腦去整理、條貫這些強背的東西，比如利用所知的生字、文法造句，以活用這些死知識；那麼腦子雖然塞得滿滿的，卻依然茫然無知，依然沒有抓住學英文的竅門，當然背得很苦而成效卻不佳。

「思而不學」、「學而不思」兩句話的「思」字並不同。「學而不思」的「思」是學的一種方法，這思包括在學的範圍內；「思而不學」的「思」是和學相對的，當然並不包括在學的範圍內。

我們有時看到有些同學，整天想當科學家、發明家，他們自命是天才，上課對他們來說是浪費生命；他們整天空想，好高騖遠、眼高手低，結果一事無成，空自蹉跎。所以孔子說：「終日不食、終夜不寢，以思、無益；不如學也！」（〈衛靈公〉）

當然，我們現在所接受的知識，大半是古人智慧的結晶，這差不多都是由「思」創造出來的，這種憑空思索以創造發明，自然比多學、多思以擷取前人成果難得多。孔子個人也說他「好古，敏以求之者也」（〈述而〉）。當然，我們可能要說：愛迪生所受的學校教育很少，他卻成了偉大的發明家，但是不要忘了，他的母親從旁教導了他一切最基本的知識，他以此為基礎，才能更上層樓；我們也常聽人說某人無師自通，無師並不是不學，學習是達通必經的路。

愛迪生可以稱得是上知了，基礎知識在他後來的發明過程仍發揮了力量；做為一個中人（在這個世界裡上知到底不多吧?!），如果不學而終日空想，結果必然徒勞無功！「生而知之」的上知，自可以「思索生智」（《管子．內業篇》）。

孔子體認自己不是生而知之者，所以他黽勉向學，這是他自己的自覺，所以他提出來告訴他的學生。也許是由於人類過分自尊的關係——從某一方面說，人類自尊到自封為「萬物之靈」！

人常犯一種毛病：漠視旁人！由於這種毛病作祟，許多人寧願空想卻不肯學習。我們要說：即便是天才吧！如果能多聞多見，把前人的道理都學了，以此為基礎，轉呈新意、別創機杼；這樣工夫不致白費，而聞見越博、知識越廣，思考的能力也就越大。想來，天才也得要學習吧！

忽然想起杜甫的詩：「不薄今人愛古人，轉益多師是汝師！」好個「轉益」！

子曰：「溫故而知新，可以為師矣。」（〈為政〉）

孔子說：「溫習已經學過的東西，並求知道新的知識，也就可以為人師了。」

這是孔子告訴弟子學的方法，是很實在可行的方法。我們到沙灘上去，兩手捧著滿滿的細沙，不一會工夫，沙子從手縫溜下去了，一粒也沒剩！如果我們在學習的過程中，隨學隨忘，或者學過就算了，充其量不過是知識的中途站或是存陳貨的老倉庫。

溫故一方面可以「無忘其所能」，另一方面，在溫習的過程中也可能得到新的意念、新的發現。塘水所以清澈，是由於源源不絕的活水，人必須不斷接受新知，才不致陳腐；而接受新知使人「知其所亡」㉒，人生的境界是日日新、而止於至善。溫故必須以知新為繼，否則就如不斷的反芻而不上新料，成長是極有限的；知新必須以溫故留存，否則隨取隨丟，無所進益。

子曰：「有教無類。」（〈衛靈公〉）

孔子說：「老師施教，不論求教者來自貧或富、貴或賤的家庭，都要一體施教。」

孔子體認學的重要，所以發這種宏願。孔子這話可能還包含另一層意思：只要施教，那麼人都能變好，都能自立，而不再有賢愚善惡的區別。這是孔子對人類、對教育強烈的信心——不管人的生活面是光明或是黑暗，人類的前途是光明的，教育是光明之鈕。

孔子最恨那種：「一群人整天在一起，沒有半句正經話，還好賣弄小聰明。」㉓的人。還有那種：「整天吃飽飯，半點心思也不用。」㉔的人。孔子對那些人恨極了，說他們「難矣哉」！就是說那些人當然不會有半點成就。

子曰：「自行束脩以上，吾未嘗無誨焉。」㉕（〈述而〉）

孔子說：「凡是拿了薄禮來求教的，我沒有不教他的。」

互鄉難與言。

童子見，門人惑。

子曰：「與其進也，不與其退也。唯，何甚！人潔己以進，與其潔也，不保其往也。」㉖（〈述而〉）

互鄉人是出了名的難溝通。

孔子接見了一個從互鄉來的少年，弟子覺得很不解。

孔子說：「一個人自己有心學好他才會來，我們只是讚許他要學好的心，至於他過去怎麼樣我們不必管；我們要幫助他上進，我們不該讓他自甘墮落！」

當我們有能力幫助別人時，絕不能袖手不管。要知「莫以善小而不為」！當我們看見一個小朋友在雨中踽踽獨行，雨水濕透了他的衣裳，我們用傘為他遮遮，送他一程，甚至送他到家，這在我們不算什麼，但這一遮卻替這小朋友遮住了漫天風雨，使他感到人的可親，也許一顆小小的愛苗就這麼播了下去。老師是與人為善的，孔子恨無所用心的傢伙，可見一個人只要想求上進，孔子是既往不咎的，這也是他實現「有教無類」的實際行動吧！

子曰：「予欲無言。」

子貢曰：「子如不言，則小子何述焉？」

子曰：「天何言哉！四時行焉，百物生焉。天何言哉！」㉗（〈陽貨〉）

孔子說：「我想不說話了！」

子貢說：「老師如果不說話，那我們遵循什麼？」

孔子說：「天何曾說了什麼！四時運行，萬物化生。天何曾說了什麼！」

我們常聽說：言教不如身教。孔子的話，雖然可能是偶有所感而發，但亦可見出孔子重視身教的意思。

陳亢背後向伯魚打聽：「子亦有異聞乎？」結果，陳亢從這次和伯魚的談話中了解了：《詩》、《禮》的重要，更重要的是：夫子的無私。這種人格感召的力量，應該比什麼言語的訓誨都來得有力量。

孔子自己也對弟子們說：「我對你們什麼也不隱瞞！」㉘這種坦蕩蕩的作風，自然叫人肅然起敬。

司馬光說他生平「事無不可對人言」，這種君子作風，怎不令人敬服，而生風行草偃之效。

《易經》上說：「天行健，君子以自強不息。」如果我們從自然永不休止的運行，而體悟自強不息的意義，那是自然給我們最寶貴的「身教」。

哀公問：「弟子孰為好（ㄏㄠˋ hào）學？」

孔子對曰：「有顏回者好學：不遷怒，不貳過。不幸短命死矣！今也則未聞好學者也。」㉙（〈雍也〉）

哀公問：「弟子中誰最好學？」

孔子回答說：「有個叫顏回的最好學：他從不把氣出在別人身上，同樣的過失，他絕不犯第二次。可惜短命死了！現在就沒有聽見這樣好學的了。」

子曰：「君子食無求飽，居無求安；敏於事而慎於言，就有道而正焉：可謂好學也已矣。」㉚（〈學而〉）

孔子說：「一個君子能不以飽食、安居為人生的目標；努力於該做的事而言語謹慎，又能向有道德的人請教：這樣，就可以說是好學了。」

子曰：「賢哉回也！一簞食（ㄉㄢ ㄙˋ dān sì），一瓢飲；在陋巷：人不堪其憂，回也不改其樂。賢哉回也！」㉛（〈雍也〉）

孔子說：「真賢呀顏回！一碗飯，一碗水；住在窮巷裡：這種生活，別人一定憂慮得受不了，顏回卻能自得其樂。真賢呀顏回！」

子夏曰：「賢賢易色，事父母能竭其力，事君能致其身，與朋友交，言而有信：雖曰

『未學』，吾必謂之『學矣』！」㉜（〈學而〉）

子夏說：「一個人能夠好德如好色；侍奉父母，能竭盡心力；服事國君，能不愛惜生命；和朋友交往，誠信不欺：一個人能這樣，雖然沒有讀過什麼書，我一定把他當作讀過書的人。」

孔子讚美顏回，許他「好學」，是因為他安貧樂道、不遷怒、不貳過的德行修養。孔子以為君子應當有正確的人生目標，在言行方面要努力修為，並且親近聖賢君子，多方請益，這才是好學。子夏傳述孔子的思想，以為學乃是盡力於德行修養。

顯然孔門中的學，是以德行的培養、訓練為主的。今天我們的教育目標雖在德、智、體、群四育並重，但實際上卻偏重於知識的傳授。孔子只重視道德的培養而全不講求書本的知識嗎？

子曰：「弟子，入則孝，出則弟；謹而信；汎愛眾而親仁。行有餘力，則以學文。」㉝（〈學而〉）

孔子說：「做為一個學生，在家應該孝順父母，在外要尊敬兄長；一切言行應該謹慎誠信；愛所有的人而特別親近仁者。在實踐這些德行之外，又用功於書本。」

子以四教：文、行、忠、信。（〈述而〉）

孔子以這四件事教學生：古代傳下來的典籍、德行、忠恕、誠信。

這「行有餘力」四字最要留意。孔子的意思，並不是說一個人在孝、弟、謹、信、愛眾、親仁等德行都做到了以後，再用餘力去追求書上的知識。果真如此，則我們將永無餘力來學文，因為孝弟謹信等德行都是得終身奉行、更無所謂做得夠好的道理——好還有更好，這些德行都是得一生信守、死而後已的。更何況躬行、學文，兩不相妨；修習先後，難以執一。「餘力」的話，不可以詞害意。我們看孔子所謂的「好學」，都是指德行的修養講的；所以我們可以說孔子話裡的「餘力」，只是表示行比文重要。

「子以四教」的「文」當即是「則以學文」的「文」，「行」當即是「行有餘力」的「行」。忠信，似即是「行」所當實行的；所以嚴格說起來孔子恐怕只以文和行教誨弟子。當然，孔子的弟子練習御（駕車）、射（射獵），自不在話下，因為射、御是當時人人都得會的；這可能好比開發時期的美國人差不多都會騎馬、趕車和放槍吧！

「子以四教」章，恐不是資質高明的弟子所記的；後人把文、行、忠、信傅合為「四科」，更是牽強。好了，現在我們知道：孔子開課，主要從人格培養、德行講求上著手，期能教誨出品德良好的弟子。

另一方面孔子也用古代人流傳下來的典籍來講課。孔子用什麼課本呢？在《論語》裡沒有提到過《春秋》；孔子個人喜歡唱歌，對音樂方面也很在行，有關音樂的理論也說得頭頭是道㉞，所以孔子必重視樂；禮是孔子所最重視的，不過我們想，孔子和弟子講、習禮，當然慢慢的會衍成許多規範；但筆之於書，當是後來的事。

在《論語》裡只有一處提到《易》：

子曰：「加我數年，五十以學《易》，可以無大過矣！」（〈述而〉）

孔子這話，文理頗不順。龔元玠《十三經客難》：「先儒句讀未明。當『五』一讀，『十』一讀，言或五或十：以所加年言。」《釋文》：「學易，如字。魯讀『易』為『亦』：今從古。」現在所有《論語》的版本都作「五十以學易」，但是從《魯論》作「亦」，「亦」字連下讀，這話文理才順。

總之，《論語》裡唯一提到「易」的一處，還有許多疑難問題存在。所以如果我們硬說孔子「晚而喜《易》」（見《孔子世家》），甚或講《易》或整理《易》，是未免大膽了些。

《書經》是古代公文的集合本（好比每年青年節等特別日子，有 總統文告，是。）從其中可以知古鑑今，懂得政治的道理，孔子取以為教科本，是很自然的，《論語》裡孔子也引《書》——《論語》裡只稱《詩》、《書》，《詩經》、《書經》的名是較晚才有的——以為說㉟，孔子的學生也以《書》中的話，來向孔子發問㊱，而「孔子在誦《詩》讀《書》時，不用方言；贊《禮》的時候，亦都不用俗音。」㊲

孔子對《詩》特別重視，我們從伯魚回答陳亢的話（見〈季氏篇〉），也可以深深體會到這一點。由於孔子特別重視《詩》，所以在《論語》裡，有關《詩》的談話記載也就特別多，例如：

子謂伯魚曰：「女為周南、召南矣乎？人而不為周南、召南，其猶正牆面而立也與！」㊳（〈陽貨〉）

孔子對伯魚說：「你學過周南、召南了嗎？一個人如果不學周南、召南，那就像向著牆壁站著，什麼也看不見，一步也走不通。」

子曰：「小子，何莫學夫《詩》！《詩》，可以興，可以觀，可以群，可以怨；邇之事父，遠之事君；多識於鳥獸草木之名。」㊴（〈陽貨〉）

孔子說：「小子們，為什麼不學《詩》！《詩》，可以感發志意，可以觀察盛衰，可以學得和人相處的道理，可以學得疾惡刺邪的態度；近可以學著服侍父母，遠可以學著服侍君上；又可以認識許多鳥獸草木的名字。」

子曰：「《詩三百》，一言以蔽之，曰：『思無邪』！」㊵（〈為政〉）

孔子說：「《詩三百》，一句話可以概括：那就是『思無邪』！」

子曰：「誦《詩三百》，授之以政，不達；使於四方，不能專對，雖多亦奚以為！」㊶（〈子路〉）

孔子說：「念了《詩經》，把政事交給他，做不通；派他到外國辦事，不能單獨應對。學得雖多，又有什麼用處！」

子曰：「〈關雎〉，樂而不淫，哀而不傷。」㊷（〈八佾〉）

孔子說：「〈關雎〉的樂章，使人快樂卻不至太過瘋狂，使人悲哀卻不傷神。」

周南是《詩經》的〈關雎〉到〈麟趾〉十一篇詩，召南是〈鵲巢〉到〈騶虞〉十四篇詩；孔子稱二南，也許指十五國風，當然更可能指整部《詩經》。從孔子的談話，我們可以體會出他的重視詩教。

我們現在讀《詩經》，經常把它作為文學作品來品味；而學者則把它當語言學、社會學、甚至政治學的材料來處理。在孔子眼中《詩》卻另具功能：《詩》，是倫理、政治、語言教科書甚至是動、植物學的教科書。關於孔子「誦《詩三百》、授之以政」的話，我們必須特別說說。

孔子的重視《詩三百》，除了站在倫理教育的觀點外，更重要的是從政治人才的培養方面著眼。我們說過：孔子反對職位世襲的制度，政治人才的培養自是孔子所願望的，更何況實現天下太平的理想，也需要大批政治高手來推動；而《詩》教有助於政治人才的養成。

我們現在說話，用個成語，引經據典，是很普遍的現象，古代讀書人則喜歡引《詩》或《書》——特別是《詩》，以助長語勢或完足語意；這種現象，影響及於政治場合、外交應對，而且蔚成風氣、造成風尚。

我們知道：所謂外交辭令，自然以語意曖昧不明、模稜兩可、不足為外人道為上，在這種情形下，賦《詩》以喻意、甚至「斷章取義」亦所常見。我們看《左傳》所載許多盟會（當時的國際會議）時，各盟主間的談話，真個是啞巴吃湯圓——心裡有數！而旁人可真一頭霧水。所以孔子要說：「不學《詩》，無以言！」

對方賦《詩》喻意，若連對方的心意都摸不透，如何作答，應對？還能開口說話嗎？不學《詩》，真個是有口難言了；所以孔子要說：「讀了許多詩，出使國外，卻不能單獨應對；多，又有什麼用！」

孔門弟子們自己的統計表：

德行：顏淵、閔子騫、冉伯牛、仲弓。

言語：宰我、子貢。

政事：冉有、季路。

文學：子游、子夏。（〈先進〉）

言語和德行、政事、文學並列，可見孔門中對言語的重視；而不管德行、言語、政事、文學，哪一方面的人才的訓練，《詩》都能發揮作用。另一點，我們要了解的是：《詩經》原來都是可以唱或可以演奏的，而我們現在看到的《詩經》，只是詞（就像現在歌曲的歌詞）至於樂譜都已經失散不傳了。

孔子「〈關雎〉，樂而不淫」及「雅頌各得其所」（〈子罕〉）的談話，恐怕都是就《詩經》樂的方面而發言的。說到這裡，我們可以了解孔子一再告誡他的兒子學《詩》的道理了，而從孔子的叮嚀中，我們更可見出孔子的重視《詩三百》了。

子路問：「聞斯行諸？」

子曰：「有父兄在，如之何其聞斯行之！」

冉有問：「聞斯行諸？」

子曰：「聞斯行之！」

公西華曰：「由也問『聞斯行諸』，子曰『有父兄在』；求也問『聞斯行諸』，子曰『聞斯行之』。赤也惑！敢問。」

子曰：「求也退，故進之；由也兼人，故退之。」㊸（〈先進〉）

子路問：「一個人聽到一件應當做的事是不是立刻去做？」

孔子說：「有父親兄長在，怎麼可以聽到就做呢！」

冉有問：「一個人聽到一件應當做的事，是不是立刻去做？」

孔子說：「聽到就立刻做！」

公西華說：「仲由問『是不是聽到就做』，老師說『有父兄在』；冉求問『是不是聽到就做』，老師說『聽到就做』。弟子實在不明白，敢請教老師。」

孔子說：「冉求生性畏縮，所以要推推他；仲由勇氣過人，所以我要壓壓他。」

在孔門的弟子中，子路是個性最鮮明的一位。在《論語．陽貨篇》裡載有子路發「君子尚勇乎？」（君子以勇為貴嗎？）的問題，從這裡很能夠看出子路的心態；難怪孔子也不得不歎：「由也，好勇過我。」（〈公冶長〉）子路果決㊹：要做便做、想說就說。

有一次子路問孔子：「衛國國君等老師去替他辦政事，老師打算先做什麼？」

孔子說：「那我一定先糾正一切不當的名！」

子路說：「老師怎麼迂闊到這個地步！這有什麼好糾正的！」㊺

根據《史記．仲尼弟子列傳》的記載，子路只比孔子小九歲，由於年齡的接近，他比較敢於批評；當然另一方面由於孔子的開明，子路才會近乎放肆的批評孔子「迂」！

在孔子的弟子中，顏路（顏回的父親）的年齡和孔子不會相去太遠；但從《論語》的記載看，只有子路這麼對孔子說話，這不能不歸因於他的性格。

子路的個性相當不服輸，孔子誇顏淵幾句，他就沉不住氣，要反應他的想法㊻。在〈公冶長〉和〈先進篇〉，都有「各言其志」的記載，我們看兩次都是子路「率爾」發言，他這種勇氣過人的性格全表露無遺。當然，事情如果從不同角度立論，就會出現不同的看法。

子路的性格雖然嫌毛躁，不過這種性格，使他在聽到什麼道理，便要力行，這種力行的舉止，也不是常人能及的。㊼我們看〈微子篇〉子路遇丈人以杖荷蓧章的記載：在丈人的一頓教訓後，子路居然「拱而立」！真是粗中有細。難怪孔子說他「升堂矣，未入於室也。」（〈先進〉）子路的為人可以說是大醇而小疵，孔子看透了他的毛病，所以有機會就要壓壓他。

有一次冉求說：「不是不喜歡老師的道理，只是能力不夠。」

孔子說：「能力不夠的人，是在做的中途力盡而止的；你現在是畫地自限，自己停在那裡不做。」㊽從這個記載，可以見出冉求畏縮的個性，孔子了解他的毛病，所以對症下藥，希望推推他。

現在的學生，多少有一種怨歎：總覺老師不夠了解我們。為人師表的，在讀了《論語》這些記載後，不能不遙思孔子當年三千門徒，而老夫子對門下弟子知之如此深刻，並且因材施教，發揮教育最大的功能。宜乎！後世尊為「萬世師表」！

【註釋】

①子曰：「回也，非助我者也；於吾言無所不說。」（〈先進篇〉）說，音義同「悅」。

②子謂仲弓曰：「犁牛之子騂且角；雖欲勿用，山川其舍諸？」（〈雍也篇〉）犁牛，指耕牛。

根據《禮記．祭義》的記載，古代天子諸侯必有養獸之官，祭祀時所用的祭牲，必於是取之。

騂（ㄒㄧㄥ），赤色也。角，指頭角方正。

其，同「豈」。諸，是「之乎」的合音。

③女（ㄖㄨˇ），音義同「汝」。

六言指仁、知、信、直、勇、剛六事。

六蔽指愚、蕩、賊、絞、亂、狂。

朱注：「禮，君子問更端，則起而對。故孔子諭子路，使還坐而告之。」

④性，指常人天生的才質。習，指後天的教育，習慣、環境的感染。

⑤朱注：或曰：「此與上章當合為一，『子曰』二字，蓋衍文耳。」這個說法頗合理。

⑥現在傳世的《論語》版本，在上句「人」字下都有「以上」二字。這兩個字，當不是原始經文所有的。不知什麼時代，有個不通文理的人加上這二字以和下句「中人以下」相對稱。孔子似把人的資質分為上、中、下三等，把大多數的人作為中等；則上等和下等的人（所謂「上知」和「下愚」）便比較少了。中等的人如果教育得好，可以移向上等；至於中等以下的人（就是下等人），是不能移到上等的。因為照孔子的意思：「上知」和「下愚」，都是不可移的（不受環境和教育的影響）。（見毛子水先生《論語今註今譯》）

⑦朱注：「困，謂有所不通。言人之氣質不同，大約有此四等。」

語（ㄩˋ），告也。以言語告人而誘之為善。

⑧好（ㄏㄠˋ），喜好也。

劉疏：「敏，勉也。言黽勉以求之也。」

⑨朱注引范氏曰：「顏子聞夫子之言，而心解力行，造次顛沛未嘗違之。如萬物得時雨之潤，發榮滋長，何有於惰；此群弟子所不及也。」

⑩包曰：「簣（ㄎㄨㄟˋ），土籠也。此勸人進於道德也。為山者其功雖已多，未成一籠而中道止者，我不以前功多而善之也。見其志不遂，故不與也。」

皇疏：「此奬人始為善而不住者也。譬如平地作山：山乃須多土，而始覆一籠；一籠雖少，交（意同後世的「卻」字）是其有欲進之心可嘉。如人始為善，善乃未多，交求進之志可重；吾不以其功少而不善之，善之有勝於垂成而止者，故云吾往也。」

這章以「為山」為喻，來勸人進德修業。「譬如為山」四字，是總貫全章的。「譬如平地」四字，則不知後來何人所妄加。「雖覆一簣」上接「譬如為山」，和「未成一簣」相對成文。現在各種版本的《論語》都有「譬如平地」四字，所以我們加括號記出。（參毛子水先生《論語今註今譯》）

⑪ 東郭子問於莊子曰：「所謂道，惡（ㄨ wū）乎在？」

莊子曰：「無所不在。」

東郭子曰：「期而後可。」

莊子曰：「在螻蟻。」曰：「何其下邪！」

曰：「在稊稗（ㄊㄧˊ ㄅㄞˋ tí bài）。」曰：「何其愈下邪！」

曰：「在瓦甓（ㄆㄧˋ pì）。」曰：「何其愈甚邪！」

曰：「在屎溺。」東郭子不應。（《莊子．知北遊》）

按：惡，何也；「惡乎在」就是「在哪裡？」

期，必也。東郭子要莊子肯定答覆。

螻蟻，螻蛄、螞蟻；有知而微小的生物。

稊稗，小米和稗；無知而有生的物。

甓，塼也；瓦甓，無生而有形。

屎溺，有形而臭腐。

莊子所謂的道和儒家所說的道雖然不相干，但是「道無所不在」的道理，卻是不可易的。

⑫朱注：「『如之何、如之何』者，熟思而審處之辭也。不如是而妄行，雖聖人亦無如之何矣。」

按：「如之何」就是「怎麼辦」。

⑬《說文》：憤，懣也。啟，教也。

清朝朱駿聲《說文通訓定聲》以悱（ㄈㄟˇ）是「悲」的或體。並說：「按《論語》不悱不發，悱亦悵恨之意。憤近于怒，悱近于怨，自怨自艾也。」

「舉一隅而示之」依皇本、正平本，朱注本沒有「而示之」三字。

⑭朱注：「思齊者，冀己亦有是善。內自省者，恐己亦有是惡。」

⑮此處的「三人」，指多數人，不必一定是三人。

錢坫《論語後錄》：「子產曰，『其所善者吾則行之；其所惡者吾則改之：是吾師也。』此云善、不善，當作是解；非謂三人中有善不善也。」

按：子產的話見《左傳·襄公三十一年》。

⑯《史記．仲尼弟子列傳》：「曾參，南武城人，字子輿；少孔子四十六歲。」

省，反省、自省。

⑰衛公孫朝問於子貢曰：「仲尼焉學？」

子貢曰：「文武之道，未墜於地；在人！賢者識其大者，不賢者識其小者；莫不有文武之道焉。夫子焉不學！而亦何常師之有！」（〈子張篇〉）

⑱這裡的「女」，讀作「汝」，現在我們說：「你」。（古書裡常借用「女」為「汝」字。）

⑲作，偽裝、裝作也。

「擇其善者而從之」七個字，是「三人行、必有我師焉」章的文句而錯入這章的。這章必須刪去這七個字，全章的旨趣才會完全顯明！譯文裡沒有把這七字譯出。（見毛子水先生《論語今註今譯》）

⑳《禮記．少儀》：衣服在躬而不知其名為罔。

鄭注：「罔，猶罔罔，無知貌。」

王引之《經義述聞》：「何休襄四年《公羊傳》注：『殆，疑也。』」

㉑多學，就是多聞、多見。識（ㄓˋ），記也。

㉒子夏曰：「日知其所亡，月無忘其所能，可謂好學也已矣。」（〈子張篇〉）

皇疏：「亡，無也。」「月無忘其所能」的「無」，音義同「勿」，禁止的詞，如我們所說：

「不要」。

㉓子曰：「群居終日，言不及義；好行小慧，難矣哉！」（〈衛靈公篇〉）

鄭注：「小慧，謂小小之才知。難矣哉，言無所成。」

㉔子曰：「飽食終日，無所用心，難矣哉！不有博弈者乎？為之，猶賢乎已！」（〈陽貨篇〉）

博，《說文》作「簙」，是古代一種戲術，今不得其詳。弈，是圍棋的專名。

㉕脩，乾肉。古人以十脡為一束；束脩，是十脡乾肉（五條乾肉做一束，每條於中間受束處屈為兩脡，脡音ㄊㄧㄥˇ tǐng）。古人行相見禮的時候，束脩是一種很普通的禮物。（見毛子水先生《論語今註今譯》）

㉖鄭注：互鄉，鄉名也。

朱注：「疑此章有錯簡。『人潔』至『往也』十四字，當在『與其進也』之前。」譯文從朱注。

㉗《說文》：述，「循」也。

劉疏：「夫子本以身教，恐弟子徒以言求之，故欲無言以發弟子之悟也。」

㉘〈述而篇〉：子曰：「二三子以我為隱乎？吾無隱乎爾！吾無行而不與二三子者；是丘也。」這章的意思，我們不能十分明白；不過，孔子表明他個人無所隱瞞，這個意思，我們還可以見出。

㉙ 好（ㄏㄠˋ），愛好也。

朱注：「遷，移也。貳，復也。怒於甲者，不移於乙；過於前者，不復於後。顏子克己之功至於如此，可謂真好學矣。」現行《論語》版本「則」下有「亡」字。

《群經平議》：此與〈先進篇〉語有詳略；因涉彼文而誤衍「亡」字。既云「亡」，又云「未聞好學」：於辭複矣！

《釋文》云：「本或無亡字。」當據以訂正。

㉚「食無求飽、居無求安」，鄭曰：「學者之志有所不逮也。」這是說：不以飽食、安居為志向，不專求飽食、安居。敏事，是說勤勉於應行的事（應行的德行）。

孔曰：「有道者，謂有道德者也；正，謂問事是非也。」

㉛ 簞（ㄉㄢ），竹器，可以用來盛飯。食（ㄙˋ），義同「飯」。

瓢，義同「瓠」，可以用來盛水。

㉜ 劉疏：「宋翔鳳《樸學齋札記》：『三代之學，皆明人倫；賢賢易色，明夫婦之倫也。』今案夫婦為人倫之始，故此文敘於事父母、事君之前。《漢書．李尋傳》引此文；顏師古注：『易色，經略於色，不貴之也。』又《廣雅．釋言》：易，如也。王念孫疏證：引之云，『《論語》賢賢易色：易者如也，猶言好德如好色也。』」

案：「好德如好色」見〈子罕篇〉及〈衛靈公篇〉。事君能致其身：孔曰：「盡忠節不愛其身。」

㉝出則弟的「弟」，音義同「悌」，善事兄長叫悌。

汎，普遍。

仁，指仁者。

文，本指文字，這裡指文字記載的知識，就是指書本；在孔子的時代，一個讀書人所讀的書本，以《詩（經）》和《書（經）》為最重要。

㉞子語魯大師樂，曰：「樂其可知也已。始作，翕如也；從之，純如也，皦如也，繹如也；以成。」（〈八佾篇〉）我們現在聽不到古樂，當然不容易懂得這章的話。但是孔子和對音樂十分內行的大師（古代的樂官）論樂章的結構，可見孔子音樂知識的豐富。

㉟或謂孔子曰：「子奚不為政？」

子曰：「《書》云：『孝乎惟孝，友于兄弟。』施於有政，是亦為政！奚其為為政？」（〈為政篇〉）

㊱子張曰：「《書》云，『高宗諒陰，三年不言。』何謂也？」

子曰：「何必高宗，古之人皆然！君薨，百官總己以聽於冢宰，三年。」（〈憲問篇〉）

㊲〈述而篇〉：「子所雅言，《詩》、《書》、執《禮》，皆雅言也。」雅，正也。

㊳朱注：「為，猶學也。正牆面而立，言即其至近之地，而一物無所見，一步不可行。」

「人而不為」的「而」意同「如」。

㊴包曰：「小子，門人也。」

㊵朱注：「蔽，猶『蓋』也。」

「思無邪」，是《詩經．魯頌．駉篇》的一句話。依照詩序〈駉篇〉是頌魯僖公的。鄭箋釋「思無邪」：「思遵伯禽之法，專心無復邪意也。」古人引《詩》每每斷章取義，我們姑不論原詩怎麼講，孔子引用這句詩，總有「用心不違於正道」或「心裡不生邪念」的意思。

㊶朱注：「專，獨也。」

㊷〈關雎〉，是《詩經》的首篇。淫，是太過的意思。

㊸朱注：「兼人，謂勝人也。」

㊹季康子問：「仲由可使從政也與？」子曰：「由也果，於從政乎何有！」（〈雍也篇〉）

㊺子路曰：「衛君待子而為政，子將奚先？」子曰：「必也正名乎！」子路曰：「有是哉？子之迂也！奚其正？」（〈子路篇〉）

正名，馬曰：「正百事之名。」

㊻子謂顏淵曰：「用之則行，舍之則藏，惟我與爾有是夫。」

子路曰：「子行三軍則誰與？」（〈述而篇〉）

孔子對顏淵說：「人家要用我，我就出來做事；人家不用我，我就不出來：這種樂天的態度，只有我和你有罷！」

子路說：「如果老師行軍用兵，又和誰一塊呢？」

㊼「子路，有聞未之能行，唯恐有聞。」（〈公冶長篇〉）「子路這個人，如果他所聽到的道理他還沒做到，最怕又聽到什麼道理。」

「唯恐有聞」的「有」，音義同「又」。

㊽冉求曰：「非不說子之道，力不足也。」

子曰：「力不足者，中道而廢，今女畫！」（〈雍也篇〉）

說，音義同「悅」。

中道，是半途；廢，是止。

畫，有「畫地自限」的意思。

孝弟——仁之本

子游問孝。

子曰：「今之孝者，是謂能養。至於犬馬，皆能有養。不敬，何以別乎！」

——《論語・為政》

孝弟——仁之本

孝是孝順父母，弟是尊敬兄長。弟本義指兄弟，引申為「尊敬兄長」的意思，這個引申的意思後來有一個專字「悌」；不過，古書裡用「弟」作「尊敬兄長」講的很多。由於孝可以包含弟義——能孝自然能弟，所以我們經常說「孝」而不及於「弟」。孝，是中國人精神文明的精髓，是一切德行的根本。古人說：「以孝治天下」、「忠臣必出於孝子之門」，可見孝是君臣士庶所共同遵行的至德。

有子曰：「其為人也孝弟而好（ㄏㄠˋ hào）犯上者，鮮（ㄒㄧㄢˇ xiǎn）矣！不好犯上而好作亂者，未之有也。君子務本，本立而道生，孝弟也者，其為仁之本與！」①（〈學而〉）

有子說：「一個孝順父母、尊敬兄長的人，而好冒犯君上，是極少的；不好冒犯君上而好作亂，是沒有的。一個有心世道的君子，致力於根本的事情，根本的事情做好了，世界自然就會太平；孝弟，應該就是仁的根本吧！」

程子說：「孝弟，順德也。」②一個人能孝弟，心情自然和順，自然不會做出犯上、作亂那一類悖逆、爭鬥的情事；政治上沒有亂臣賊子，天下自然太平，所以要天下太平，就得提倡孝弟之道，以期家家孝弟、人人和順。

孟懿子問孝。

子曰：「無違！」

樊遲御，子告之曰：「孟孫問孝於我，我對曰『無違』。」

樊遲曰：「何謂也？」

子曰：「生，事之以禮；死，葬之以禮，祭之以禮。」③（〈為政〉）

孟懿子問孝。

孔子回答說：「不要違逆！」

樊遲替孔子趕車。孔子告訴他說：「孟孫曾向我問孝，我回答說『不要違逆』。」

樊遲說：「這是什麼意思呢？」

孔子說：「父母在世時，要依禮服事他們；父母過世後，要依禮葬他們，依禮祭他們。」

孝道雖然多端，但以順為主；所以「無違」是一切孝行的基礎，能「無違」自然能承順親志、承歡親心。但是，天下事，並不是一成不變的；道理雖然容易說，臨事卻並不那麼容易！讓我們看《左傳》的記述：

晉獻公立了太子申生，並且有了重耳（後來的晉文公）和夷吾等子。有一次晉國打驪戎，驪戎獻了驪姬，後來驪姬生了奚齊，她就被立為夫人，但驪姬並不滿意；為了鞏固她的地位，希望立自己的孩子為太子。她和朝中小人勾結，遊說獻公把太子申生、重耳、夷吾群公子都驅離京城，派到比較偏遠的地方去駐守。並且常挑撥他們父子間的感情，達成廢長立幼，立奚齊為太子的目的。

驪姬又和小人訂下毒計：驪姬對申生說：「國君夢見你母親，你一定要趕快祭祭！」當時申生的母親已經過世了，申生立刻回到自己派駐的宗廟所在地曲沃祭拜。拜過後把祭肉和祭酒送到京城呈給父親——這是古代的禮節。偏偏獻公去打獵了。（這一切都在驪姬的算計中！）

驪姬把酒肉放了六天，（天呀！）獻公回來了，驪姬加了毒呈了上去，獻公用酒祭地，（我們現在拜完後，不也把酒灑一點地上嗎？）泥巴地隆起了，（有毒嘛！）給狗吃，狗死了！給小臣吃，小臣也死了！（倒楣！）驪姬哭了：「禍害來自太子！」（惡人先告狀！）獻公火大了！（糊塗呀！）中生怕了，跑回駐在地曲沃，獻公殺了中生的老師杜原款消氣。（冤！杜原款！）

有人勸太子說：「你要把事情和國君說清楚，國君一定會調查真相的。」中生說：「父王如果失去了姬氏，一定居不安、食不飽。我去訴說，姬一定有罪，父王年紀大了，（可不是！）做兒子的不能讓他開心，又怎能奪他所愛！」「那麼你快逃吧！」

中生說：「父王沒有明察這件事，我擔了個殺父的罪名逃，誰會收容我？」辯也不成、逃又無路，唉！中生在曲沃上了吊！順了父親和驪姬的意。中生一死，驪姬就不怕什麼了，說：「群公子都知道這回事！」想一網打盡。重耳、夷吾可沒死！他們都跑了。

二十年後，重耳回到故國，重振晉威，成為後人所謂的春秋五霸之一——晉文公。史家對這個事件記了一筆：「晉侯殺其世子中生！」中生為了順父之意，甘把生命酬獻了，但卻使父親背了殺子的惡名，所以後代史家稱申生為「恭世子」，而不以「孝」許他！（孔子說：「小杖則受，大杖則走：不陷父於不義。」（《孔子家語》）父親用小棍子打我們，我們就忍著，用大棍子打我們，我們就跑。萬一打死了，該怎麼辦?!跑走可以避免父親遭受不義的惡名。）

這個故事，很值得我們深思：孝，是什麼？怎麼做算孝？如果只要「無違」就算孝，那天下事就不會這麼紛紜了。

子曰：「事父母，幾諫？見志不從，又敬而不違，勞而不怨。」④（〈里仁〉）

孔子說：「服事父母，如果我們覺得父母有什麼不對的地方，我們要婉言勸諫。如果父母不聽，我們還是要尊敬父母，但也不放棄我們的意思，這樣我們也許很辛苦，但我們沒有怨恨。」

《禮記．樂記》：「樂也者，情之不可變者也；禮也者，理之不可易者也。禮樂之說管乎人情矣。」⑤事實上任何事都當依乎事理、合於人情方為合理；孝道，自不例外。以人情說，孝自以順為德，但是如果父母有不對的地方，我們依舊順從無違，就是不合理的行為。

我們從孔子在顏淵死後，顏路請子之車以為之椁時的回答，可以體會出：孔子處事的合情合理！孔子雖然認為孝是「無違」，但絕不是不分是非、一味依從！既然不依，當然就是反對；就是反對，也得合情合理。父母雖然有不是，但父母還是父母，這並不因父母有不是的地方就有所改變，既如此，就不能以待仇人、敵人、犯人的態度來對付父母，這是不合情理的；我們勸了，如果父母不聽呢？放棄嗎？事情受點挫折就放棄，這也是不合情理的。

《孝經》上說：「父有爭子，則身不陷於不義。故當不義，則子不可以不爭於父、臣不可以不爭於君。故當不義，則爭之，從父之令，又焉得為孝乎?!」爭就是諍，是用言語勸諫。委屈從父之令，算不得孝！難怪申生不為「孝」了！

「一個人事君，態度上太過急切，就會惹來侮辱；一個人交友，態度上太過急切，就會被疏遠了。」⑥事君、交友態度上固不可急切；勸諫父母尤當微言婉諫，若操之太急，不免傷親子之情。

雖然孟子說：「國君把臣子當土當草看待，那麼臣子就把國君當仇人看待。」⑦雖然「如果一個人沒有朋友，那麼，他可以下臺去。」⑧但是友誼不可強求，也強求不來！所謂合則來、不合則去。親子不同！親子關係不是登個報就能解除的，視父母如寇讎，更是匪夷所思！好了，親子關係不容忽視，父母總是父母，而我們也有我們的看法、立場，為了求全，只好委屈！孔子既說「無違」，又說「事父母幾諫」，顯然孔子希望孝之為道，是合情合理的；如果因為承「無違」的教訓，而弄出愚孝的行為，那實不是孔子說話的本意。

我們不得不說一句：古代流傳下來的二十四孝的故事，其精神是鑠古耀今的，但我們如果只襲故事而忘其精神，那就是捨本逐末。比如王祥臥冰取鯉的故事，其精神很可取，其事則近於荒謬！（如果說成剖冰取鯉，是比較不會引起非議的，但故事的動人精神卻也打了折扣！）水可以載舟、可以覆舟，藥可以醫人、可以殺人，知識可以幫助人，但有時也能誤人——如果我們不能謹慎運用！

曾子有疾，召門弟子曰：「啟予足！啟予手！《詩》云，『戰戰兢兢，如臨深淵，如履薄冰。』而今而後，吾知免夫！小子！」⑨（〈泰伯〉）

曾子病了，叫來了他的學生，說：「看看我的腳！看看我的手！《詩經》上說，『戰戰兢兢，好像立在深潭的旁邊（就怕掉下去），好像踏在薄冰上面（就怕陷下去）。』從今以後，我知道我是不必怕〔身體受毀傷〕了！」

孟武伯問孝。

子曰：「父母唯其疾之憂。」⑩（〈為政〉）

孟武伯問孝。

孔子說：「一個人，如果能夠使他的父母只為他的疾病操心，那就可以算作孝了。」

《孝經．開宗明義章》：「身體髮膚，受之父母，不敢毀傷，孝之始也；立身行道，揚名於後世，以顯父母，孝之終也。」

《大戴禮記．曾子大孝篇》：「樂正子春曰，『吾聞之曾子，曾子聞諸夫子曰：天之所生，地之所養，人為大矣。父母全而生之，子全而歸之，可謂孝矣。』」

唐代的詩人李賀（西元七九〇—八一六）作詩的情形很特別。相傳他每天早晨騎了弱馬出去，命小奴僕背古錦囊跟著。如果得了一句半句，就寫了投進囊中，到日暮黃昏回家後，才分別足成篇章。這種生活，除了大醉或弔喪，不曾間斷。每一次他回到家中，母親鄭夫人命侍婢查看錦囊，看見寫得多，就又憐又恨地說道：「我兒是要嘔出心，才肯罷休了！」尼采說：「一切文學我愛以血書之！」每一件藝術品，對作者說都是嘔心泣血的成果，而「父母唯其疾之憂！」《詩經・邶風・凱風》：

凱風自南，吹彼棘心。棘心夭夭，母氏劬（ㄑㄩˊ qú）勞。

凱風自南，吹彼棘薪。母氏聖善，我無令人。

爰有寒泉，在浚之下。有子七人，母氏勞苦。

睍睆（ㄒㄧㄢˋㄏㄨㄢˇ xiàn huǎn）黃鳥，載好其音。有子七人，莫慰母心。⑪

幼嫩細柔的棗樹芽，長成了粗壯堅實的棗樹，母親要付出多少苦心。小的時候，如果我們不滿意，我們只要張開嘴扯開喉嚨大哭，媽媽準忙不迭地趕來，又親又哄又抱，渴了、餓了、濕了，果汁瓶、奶瓶、尿片。一個嬰兒，母親要為他換多少尿片，消毒多少瓶子！我們肢體健全、頭腦靈活，可知母親操了多少心、擔了多少驚！

如果母親一個沒留神，我們可能把小手伸進了插頭，可能錯把墨水當果汁，可能弄翻開水壺，可能……父母給我們生命，使我們的生命茁壯，我們不忍、也無權傷害生命，如果我們愛父母，就從寶愛自己的身體開始吧！當然人吃五穀雜糧，偶然染上疾病，也是難免；不過我們卻不能自己作孽，暴飲暴食、徹夜遨遊，這些都不是惜生之道。父母在我們身上投注的心力，真是至矣盡矣，死而後已！如果我們事事好自為之，父母自可少操些心。

子游問孝。子曰：「今之孝者，是謂能養。至於犬馬，皆能有養。不敬，何以別乎！」⑫（〈為政〉）

子游問孝。孔子說：「現在人的孝，只是能養父母。至於犬馬，人也餵養牠。如果只養而不敬，那麼養犬馬和養父母，還有什麼不同！」

子夏問孝。子曰：「色難！有事，弟子服其勞；有酒食，先生饌（ㄓㄨㄢˋ zhuàn），曾是以為孝乎！」⑬（〈為政〉）

子夏問孝。孔子說：「這和顏悅色最難！有事，人子中年紀輕的來做；飲食，年紀大點的來具備，難道這就可以算是孝子嗎？」

我們常常覺得物質不能代表一切，心意才是最重要的。小朋友寄給前方戰士的一張卡片；學期末了，同學獻給老師的一束鮮花；禮雖輕，情卻重。孝順父母，不是富貴之家的專利，事實上「寒門出孝子」！我們只要盡自己的力量，侍奉父母，那就是孝。雖然是粗茶淡飯，雖然是陋居狹巷，只要拌和上敬意、孝思，就香甜、就舒坦。

母親節，小女生獻上一張「童畫」，唱一首「媽媽的眼睛像星星」，哦！寶貝！《鹽鐵論．孝養篇》：「上孝養志，其次養色，其次養體。」養志！養志！不是一時、半刻，那是歲歲、年年，時時、刻刻！莫怪孔子要說「色難」！不過，我們要記住：對待餓飯的人，都不能說：「嗟來！食！」⑭何況是對生身的父母！

曾子曰：「慎終追遠，民德歸厚矣！」⑮（〈學而〉）

曾子說：「我們對親長的喪事謹慎料理，對祖先的祭祀恭敬從事，那麼風俗便自然趨向敦厚了！」

孝道多端。我們要盡孝，我們可以從許多方面做；比如：父母的年齡，不可不知，一方面我們為他們的年齡增加而高興；一方面也為他們的身體衰老而擔心。⑯比如：父母在的時候，不到遠方去遊；如果出遊，必有一定的方向。⑰沒有一個子女不希望和父母永遠在一起，我們見他們年齡增加自然高興；但是再一想，年齡增加人也必衰老了些，心裡自然害怕，害怕和父母沒有太多共處的日子。

人往往有一種共同的毛病，缺什麼希望什麼，至於眼前有的就不知珍惜；生病的人希望健康、沒有父母的人渴慕親情的關愛。可是，健康的人就不知寶愛身體，甚至蹧蹋身體；父母在眼前的人每每不知承歡膝下，甚至忤逆頂撞，傷父母的心。人們從歷史得的教訓並不多，所以歷史經常重演。

「樹欲靜而風不止，子欲養而親不待」的警言，並沒有喚醒多少人，所以父母憂愁、子女怨懟的眼神也常出現。

我們靜心想想，人生在世，沒有什麼比做人更難的了：「近之則不孫、遠之則怨」的困擾也常有的；不是嗎！我們對人太親近了，別人說我們虛偽，甚至說我們想討便宜；較疏遠吧，別人又說我們擺架子，有啥了不起！

事實上，子女要盡孝固然不易，父母要讓子女滿意也大不易。一個晚上到外面晃蕩的兒子，聽到外面一聲吆喝，就要開步走了，他老媽可說話了：「帶件衣服，別涼著；過馬路小心呀！早點回來，我給你等門。」「好了！好了！煩不煩嘛！」兒子可不耐煩了。

見了面，外面的說話了：「你老媽真不錯，挺關心你的。我就是死在外邊，我老爸老媽也不會心疼。我要是你，才不出來晃蕩。」另一個開腔了：「我為什麼不出來！我不出來我會瘋掉，嚕嗦！煩不煩嘛！」父母多難呀！關心是嚕嗦，放任是冷淡！

《蔣主席說故事》上有一段「騎驢的笑話」，很有意思：有兩兄弟牽著一匹驢子走在街上。哥哥騎驢，弟弟走路，旁人看了就講：這哥哥太不愛護弟弟了。於是弟弟騎驢，哥哥走路，又有人說：弟弟不明理，為什麼不讓哥哥騎呢？然後兩兄弟都騎驢，別人又批評他們虐待驢子。最後兩個人都不騎了，別人又說他倆有驢不騎是愚蠢。我們要說：哪能盡如人意，但求無愧於心。只要我們心意夠，就夠了。我們無法活在別人的評論中，而一個人想要每個人都說他好、都說他對，那幾乎是不可能的。

投一粒石子到水塘，立刻引起一陣水分子的騷動，我們可以看見的是一波一波的淪漣。同樣的，人和人相處，就該顧慮到別人的感受，因此我們要自我約束——我們並不奢望別人的好評，但我們要自我要求！我們可以要求自己，我們不能、也無法要求別人！有父母，才稱子女；同樣的，有子女，才稱其為父母，這關係是相對的，而不是絕對的。這個道理，墨子說得最明白：

> 子自愛不愛父，故虧父而自利；弟自愛不愛兄，故虧兄而自利；臣自愛不愛君，故虧君而自利：此所謂亂也。雖父之不慈子，兄之不慈弟，君之不慈臣，此亦天下之所謂亂也。父自愛也，不愛子，故虧子而自利；兄自愛也，不愛弟，故虧弟而自利；君自愛也，不愛臣，故虧臣而自利。是何也？皆起不相愛。（〈兼愛上〉）

墨子這段文章，乍讀不免生累贅之感，但墨子所以不煩費詞，從子、弟、臣的立場說，又從父、兄、君的立場說，不外強調，人倫間的雙軌關係。為子、為弟、為臣的由於自私而虧父、虧兄、虧君，這是天下之所謂亂。同樣的，為父、為兄、為君者為了自利而虧子、虧弟、虧臣，這也是天下所謂亂。那麼天下的亂，莫不由於人為利已至損人、因自私而不相容了。只要人人愛人如己——君臣、父子、兄弟都包括其中，無一例外！這種「兼愛」的精神和孔子的泛愛、基督的博愛並無二致。

現在社會上犯罪的事件越來越頻繁，而青少年的犯罪比率相當高，這反應出：青少年的問題已經相當嚴重！即便在父母師長心目中可以放心的孩子，心中也許還有好多怨懟——怨社會、怨學校、怨老師、怨父母。

幾年前老人院傳出殺人凶案，老人問題也因此而爆發！為人父母的年輕時為子女忙碌，年紀大了，體力衰了，子女飛了——個人闖自己的天下去了，老人心裡好生怨恨，怨恨子女。兩代之間彼此「交相惡」，於是代溝產生了。

「養兒防老」是中國人根深蒂固的老觀念。這話如果送給年輕的子姪輩，以提醒年輕人，父母對子女的願望，則替為人父母的說了心裡的話，該是用意良美的。可是不幸這句話只有為人父母的心裡抓得牢牢的，而年輕人卻說「我們為自己活」！父母既心存希望，到這時不免失望了。

胡適之先生有一首詩〈我的兒子〉：

我實在不要兒子，
兒子自己來了。
「無後主義」的招牌，
於今掛不起來了！

譬如樹上開花，
花落偶然結果。
那果便是你。
那樹便是我。
樹本無心結子，
我也無恩於你。

但是你既來了，
我不能不養你教你，
那是我對人道的義務，
並不是待你的恩誼。

將來你長大時，
莫忘了我怎樣教訓兒子：
我要你做一個堂堂的人，

不要你做我的孝順兒子。

這詩亦莊亦諧，很有意思。每一個為人父母的能體認養兒教子是「對人道的義務」，而不是「恩誼」，那麼我未施恩，又何望酬報！而既未懷希望，自無所謂失望。他日子女反哺一二，就是意外收穫，豈不喜出望外；即便子女遠棲高飛，也都是意料中事，更無所謂怨歎了。

我們要說，潤了兒身、瘦了娘親，長了兒身、老了雙親。母親懷胎十月，生下來的是個紅冬冬的小東西，小東西只要裂裂嘴，就是半夜三更、睡意正酣，母親也會顛倒衣裳、翻滾下床。在睡意未消下，母親可能拿翻了奶瓶，熱開水倒將下來，水溢流燙了手，燙醒了母親！當我們要耍賴、要頂撞時，想想吧！父母養育子女，是天職、是責任、是責無旁貸、是不容推諉；但是，子女不能以為一切理所當然。

人生所以美好，因為有愛；世界所以可愛，因為有情。一個沒有愛心的人，鳥語花香對他都沒有意義，因為他心裡沒有春天，只有心存感謝的人才有福、才快樂。我們每每在論及青少年犯罪問題時，不是指責社會，就是歸咎學校，要不然就是父母對不起孩子，至於闖禍的當事人是千樣的委屈、百種的無奈；可是他卻是事情所由生——不管什麼原因，事情總是他做出來的。

謊話說一遍是謊話，說一百遍就成了真話。我們這麼寵這些嬌兒嬌女，於是年輕人就只知有我、目中無人，全不問別人曾給了他什麼，只論別人沒給他什麼！他們怨天尤人，怒氣干天！其實愛和被愛同樣幸福。年輕人說：父母不了解我們！可是他們何嘗了解父母？他們要求被愛，也得學會愛人！「施恩慎勿念，受施慎勿忘。」父母子女都當深思、切記！

中國古代講孝講忠，是對人子人臣的教訓。現在講「孝」子忠僕，是對為人父母的和為民公僕者的要求。我們總覺得人際關係都是相對的，單方面的苛求，有時不免助長一方氣焰而使雙方形同水火。

就好比做父母的，老是叫哥哥讓弟弟，久之，不免使哥哥恨弟弟。《左傳》裡鄭伯克段的故事⑱就是個鮮明的例子。

天下事不外情、理二字，每個人認清自己的角色，盡個人的本分——父母有父母的樣，人子有人子的形。不忮不求⑲，為父母的固不能要求子女一味順親，事實上求也求不得！為子女的更不該要父母「孝」子「孝」孫。一切發乎情、中乎理，社會自然和諧，天下自然太平。

以上的意思，大半依據數年前我所發表的〈從墨子兼愛說起〉。在那篇文章我有後記：「我上有父母，下有稚女。用作上文，以為惕勵！」不想數年之內，父母相繼大去，許多要為他們做的事，沒有做；許多想對他們說的話，沒有說；天乎！痛哉！

【註釋】

① 有若，孔子的弟子。在《論語》裡記載弟子，通常都稱字。如：子路、子貢，顏淵（字上加氏）等；只有有若和曾參稱子，宋朝的程子以為：「《論語》之書，成於有子、曾子之門人，故其書獨二子以子稱。」這個說法似可信。

朱注：「犯上，謂干犯在上之人。鮮（ㄒㄧㄢˇ），少也。務，專力也。本，猶根也。」與，通「歟」。

「本立而道生」的「道」和「朝聞道」的「道」同，都是指天下有道，世界太平。

② 見朱引注。

③ 孟懿子，說是魯大夫仲孫何忌；懿，是諡。根據《左傳．昭公七年》的記載：孟懿子從父孟僖子的遺命，師事孔子。但《史記．仲尼弟子列傳》不列懿子的名。

劉疏：「懿子受學聖門，及夫子仕魯墮三都，懿子梗命，致聖人之政化不行，是實魯之賊臣。

弟子傳不列其名，此（孔）注但云『魯大夫』亦不云『弟子』，當為此也。」劉疏言之成理。「無違」的無，音義同「毋」，是禁止的詞，義同現在的「不要」。「事之以禮」的「以」，當「依」講。

④包曰：「幾者微也。」

「又敬而不違」：「而」字依皇本，他本沒有而字。「不違」是不違勸諫的初衷。

《禮記．內則》：「父母有過，下氣、怡色、柔聲以諫。諫若不入，起敬起孝；說則復諫。不說，與其得罪於鄉黨州閭，寧孰諫。」（鄭注：「起，猶更也。」說，同「悅」。）

⑤鄭注：「管猶『包』也。」

⑥子游曰：「事君數，斯辱矣；朋友數，斯疏矣。」（〈里仁篇〉）

邢疏：「此章明為臣、結交，當以禮漸進也。」

集解：「數，謂速數之數。」就是急切的意思。

⑦孟子告齊宣王曰：「……君之視臣如土芥，則臣視君如寇讎。」（《孟子．離婁下》）

趙岐注：「芥，草也。」

焦循正義：「土芥謂視之如土如草，不甚愛惜也。」

⑧見《培根論文集．談友誼》。

⑨《說文》：「眘，省視也。」王念孫以為《論語》這章的「啟」是「眘」的通用字，應該訓為省

視。

這章所引「戰戰兢兢」的詩在小雅〈小旻篇〉。戰戰兢兢，是恐懼戒慎的意思。

⑩馬曰：「武伯，懿子之子、仲孫彘；武，謚也。言孝子不妄為非，唯疾病然後使父母憂。」

⑪凱風，南風叫凱風。

《說文》：「棘，小棗叢生者。」

心，纖小也。

夭夭，形容樹木幼嫩茂盛的樣子。

劬（ㄑㄩˊ），勞苦的意思。

薪，樹木長大可為薪。聖，睿智也。令，善也。

浚，衛的邑名。

睍睆（ㄒㄧㄢˋ ㄏㄨㄢˇ），美好的樣子。

載，猶「則」也。

⑫王引之《經傳釋詞》：「是謂能養：是與『祗』同義。」

朱注：「養，謂飲食供奉也。犬馬待人而食，亦若養然。言人畜犬馬，皆能有以養之，若能養其親而敬不至，則與養犬馬者何異？甚言不敬之罪，所以深警之也。」

⑬色難，鄭曰：「言和顏說色是難也。」

劉台拱《論語駢枝》：「年幼者為弟子，年長者為先生：皆謂人子也。饌（ㄓㄨㄢˋ），具也。有事，幼者服其勞；有酒食，長者共具之。是皆子職之常，何足為孝！」

《說文》：「曾，䛐（詞）之舒也。」

段注：「按：曾之言乃也。《論語》：曾是以為孝乎！訓為乃，則合語氣。」這個「曾」字，語氣和我們說「難道……嗎？」相同。

⑭《禮記．檀弓》：「齊大饑，黔敖為食於路，以待餓者。有餓者貿貿然來，黔敖曰，『嗟來！食！』餓者揚目而視之曰，『予唯不食嗟來之食，以至於斯。』終不食而死。」

嗟來，猶嗟乎，來是語助詞。（《莊子．大宗師》：「嗟來桑戶乎！」）

⑮孔曰：「慎終者，喪盡其哀；追遠者，祭盡其敬。」

⑯〈里仁篇〉：子曰：「父母之年，不可不知也。一則以喜；一則以懼。」

鄭注：「見其壽考則喜，見其衰老則懼。」

⑰子曰：「父母在，不遠遊；遊，必有方。」（〈里仁篇〉）

⑱鄭武公從中國娶了位夫人，叫武姜；武姜生了莊公和共叔段。由於莊公是難產，使他母親武姜吃了苦頭，因此武姜不喜歡莊公，卻把母愛全投到小兒子共叔段身上；甚至想讓共叔段繼承武公的君位，可是武公沒答應。武公死後，莊公就位，武姜還不死心，變本加厲要幫助小兒子共叔段，陰謀造反，奪取大兒子莊公的王位。最後鄭莊公把弟弟打敗，並且把他放逐出國；雖未

殺絕，卻已趕盡，兄弟鬩牆，實屬不幸。事見《左傳．隱公元年》。

⑲《詩經．邶風．雄雉》：「不忮不求，何用不臧？」忮，是嫉妒的意思。臧，善也。「不忮不求」，指一個人不嫉妒、不貪求，我們引這個話，意思自然偏重在「不求」上。

仁——克己復禮

子貢問曰：「有一言而可以終身行之者乎？」
子曰：「其『恕』乎！己所不欲，勿施於人。」

——《論語・衛靈公》

仁——克己復禮

《說文》：「仁，親也。从人二。」《孟子．梁惠王下》：「仁，人也。」那麼，仁應該是人的道理；而兩個人在一起，自必產生彼此相處的問題，人際關係於是發生。仁，就是維持人際關係的道理，所以「从人二」——一個人獨處，自無所謂人際關係產生。人和人相處，是最難的事，最麻煩的問題，因此「仁」在孔子思想中是最有價值的部分。

子曰：「里，仁為美；擇不處仁，焉得知！」①（〈里仁〉）

孔子說：「住家，尚且以有仁風的地方為好；選擇做人的道理，卻不知道選擇仁，這還可以算得聰明嗎！」

《孟子．離婁上》：「仁，人之安宅也。」一個人做人必須依仁而行，行仁的人為仁人；以仁道施政，就是仁政：「君行仁政，斯民親其上，死其長矣。」（《孟子．梁惠王下》）所以「仁者無敵」（〈梁惠王上〉）。仁，是放諸四海而皆準的道理，仁之為道大矣！什麼是「仁」？

顏淵問仁。

子曰：「克己復禮為仁。一日克己復禮，天下歸仁焉。為仁由己，而由人乎哉？」

顏淵曰：「請問其目。」

子曰：「非禮勿視，非禮勿聽，非禮勿言，非禮勿動。」

顏淵曰：「回雖不敏，請事斯語矣！」②（〈顏淵〉）

顏淵向孔子請教為仁的道理。

孔子說：「為仁就是克制自己、循禮而行。一個人能夠做到這個地步，天下的人就立刻稱他為仁人了。仁是由自己去行的，難道是由別人給的嗎？」

顏淵說：「請問那為仁的細目。」

孔子說：「不合禮的不看，不合禮的不聽，不合禮的不說，不合禮的不做。」

顏淵說：「回雖然不聰敏，一定做到老師這話！」

禮是人應該遵行的正道，不過有時由於感情的衝動而違離正道，就是違禮。一個人能控制自己的感情，避免行為脫軌而發生違禮的事情，就是克己復禮，也就是仁了。

實在講起來，我們人最大的敵人，不是別的，卻是我們自己。一個人跌倒了，不肯爬起來，別人是扶不起來的；即使扶起來了，也難保他不再跌倒！《史記．商君列傳》：「自勝之謂彊。」③這話說得好極了。魚必自敗然後蟲生焉！沒有什麼外在的力量，能夠打倒我們，如果我們自立自強的話！

「三軍可奪帥也，匹夫不可奪志也。」（《論語．子罕》）即使是一個普通人，只要意志堅定，橫逆風雨只是一種考驗、磨鍊。當然人受氣於天地之間，有時難免使氣，控制不了自己的感情；有時又克制不了自己的自然習性，比如：好逸惡勞等。如果我們不能克制自己，就什麼事也做不成。當然感情發洩是很痛快的，而舒服誰不會找！可是人要自制、要克己、要自勝，就得「勉強」自己！（在日文中，學習、用功、努力的意思，漢字寫作「勉強」！）

如果我們不能「勉強」自己，我們什麼也做不成。因為我們要找藉口是太容易了：天氣不好、身體不適、情緒不佳……太多了。我們要隨時記住：真正的強人，不是氣粗、拳頭硬，是時時自我反省、自我克制、自我勉強！

孔子告訴顏回：為仁由己、非由人。我們覺得人經常犯一種毛病：太重視別人的評價，而缺乏自知之明！（兵家說：知己知彼百戰百勝！一個人沒有自知之明，怎麼打人生的仗！）以至陶醉在掌聲中而迷失自我。一個人能「舉世而譽之而不加勸、舉世而非之而不加沮。」④自可寵辱皆忘，行所當行。

顏淵是孔子門下資質最高的學生，仁是孔子心目中最高的德行⑤，顏淵問仁，孔子告訴他「非禮勿視、非禮勿聽、非禮勿言、非禮勿動」，視、聽、言、動，是每個人日常的行動，勿犯非禮，是常人都懂得的道理。一個天資最高的學生問到最高的德行，孔子卻只給了他四句最粗淺的話，這實在是一件可驚怪的事！從這裡我們可以領悟：聖人教人養心修德，只在日常行為上著力，一切平平實實做去，其間並沒有高不可及或玄妙的道理。

所謂「勿視、勿聽、勿言、勿動」，只是要人時時刻刻注意自己日常的行為，而沒有絲毫苟且、絲毫含糊，這就是「為仁由己」的真正功夫！如果我們「無終食之間違仁，造次必於是！顛沛必於是！」⑥那麼仁實不是高不可及、不是常人做不到的，我們如果要仁，那麼仁就來到了！⑦

聖人的道理看似高遠，其實都是平實可行的。事實上，世界上最好的道理都是很容易懂、很容易行的，一種道理講出來，如果旁人聽不懂，那麼說的人，不是在騙別人，就是在騙自己！

仲弓問仁。

子曰：「出門如見大賓，使民如承大祭。己所不欲，勿施於人。在邦無怨，在家無怨。」

仲弓曰：「雍雖不敏，請事斯語矣。」⑧（〈顏淵〉）

仲弓向孔子請教為仁的道理。

孔子說：「出了大門，對人要十分恭謹；用老百姓的時候，要十分敬肅。凡是自己不喜歡人家對我們做的事情，我們也不要做到別人的身上，無論在什麼地方都不要使人怨恨。」

仲弓說：「雍雖然不聰敏，一定做到老師這話！」

子曰：「參乎！吾道一以貫之。」

曾子曰：「唯。」子出，門人問曰：「何謂也？」

曾子曰：「夫子之道，忠恕而已矣！」⑨（〈里仁〉）

孔子說：「參，我平日所說的許多道理，是可以用一種道理來貫通的。」

曾子說：「是的。」孔子出了講堂，同學們問曾子：「老師說的什麼意思？」

曾子說：「老師所說的道理，不過是『忠恕』罷了！」

子貢問曰：「有一言而可以終身行之者乎？」

子曰：「其『恕』乎！己所不欲，勿施於人。」⑩（〈衛靈公〉）

子貢問道：「有一個字可以一輩子照著做的嗎？」

孔子說：「那該是『恕』吧！自己所不喜歡的事，就不要加在別人身上！」

子貢曰：「我不欲人之加諸我也，吾亦欲無加諸人。」

子曰：「賜也，非爾所及也！」⑪（〈公冶長〉）

子貢說：「我不希望別人加到我身上的事，我也不希望加到別人身上。」

孔子說：「賜呀！你還沒有做到這個地步。」

孔子平時對弟子的教訓自然很多，所以特別以「吾道一以貫之」，做為提綱挈領的提示。道，本來指道路，引申當道理講。千言萬語總歸一個：恕！這「恕」是古來聖哲教人做人的道理中，最可貴的一個字！所以子貢問：「有一言而可以終身行之者乎？」孔子就答以「恕」。恕是己所不欲，勿施於人。也就是《禮記．中庸》所謂：「施諸己而不願，亦勿施於人。」而曾子所說的「忠恕」和孔子所說的「恕」，意義完全相同。

西方哲學家說：「人各自由，而以他人之自由為界。」比如：我們有保衛身體的自由，我們不希望受到別人的傷害，那麼我們也不可以傷害別人的身體；我們有祕密通信的自由，不希望別人偷看我們的書信，我們自然也不可以偷看別人的書信；我們不希望被騙，我們就不該騙人；我們不喜歡被人打、被人罵，我們就不該打人、罵人。我們只要將心比心、把別人當自己看待，就能做到恕。話是容易說，做可就不容易！

我們現在寫的「私」字，《說文》上作「厶」，這就是我們的心的形，可見古代人就已經體認一個事實：人心的自私！既然人都有私心，要做到處處為他人設想，想到自己的好惡的同時，也能想想別人的感受，這就不容易！比如：我們等公車，沒上車，希望車停下來，希望上得去！上得車，就恨不得是班直達車，到我們要下的站再停！「後面還有空！擠擠嘛！」車下的說。「還上，還上！擠死人了！」車上的說。「嫌擠，下去嘛！車下那麼多人，讓讓嘛！」司機說。司機可以說公道話——如果他是位盡責的司機。人由於不能克制自己，所以表現得自私自利。

由此看來：「克己」實在就是實行「恕」道的一種方法。我們必須克制我們的私心、私欲，才能做到「己所不欲、勿施於人」！這自然不是簡單的事，必須有相當的德行修養才能做到。而一個人能做到恕，自然也就已經做到「仁」了，說到這裡，我們也許可以了解孔子很少以仁許人的原因了。

我們說：「己所不欲，勿施於人」；如果我們說：「以己所欲，施於人。」是不是可以呢？比如：我喜歡喝酒，就強向人敬酒；我喜歡抽煙，就強迫別人接受薰陶！我喜歡打牌，別人就得奉陪。這成嗎？自然不成。由於一個人所喜歡的，並不一定正當，即便是正當的，別人也未必感興趣——我們喜歡彈琴，別人也許以為是噪音！我們喜歡貓狗，別人以為會傳染疾病！如果完全以自己的尺度衡量別人，我們的出發點雖然不壞，但結果每每有害無益。

《孟子．梁惠王上》：「﹝孟子﹞曰：『《詩》云：刑於寡妻，至於兄弟，以御於家邦。

言：舉斯心加諸彼而已。故推恩足以保四海，不推恩無以保妻子。古之人所以大過人者無他焉，善推其所為而已矣。』」⑫孟子所謂「推恩」，正是「恕」道的積極面。孔子說：「自己要立，便讓別人也立；自己要達，便讓別人也達。」⑬這就是行仁的道理、恕道的積極表現。

> 司馬牛問仁。
> 子曰：「仁者其言也訒（ㄖㄣˋ rèn）。」
> 曰：「其言也訒，斯謂之仁已乎？」
> 子曰：「為之難；言之得無訒乎！」⑭（〈顏淵〉）

司馬牛向孔子請教為仁的道理。

孔子說：「仁人的話都很遲鈍。」

司馬牛說：「一個人話說得遲鈍，就算是仁了嗎？」

孔子說：「做事情是不容易的，話怎麼能不說慢點！」

舌頭比手腳快，是人們常犯的毛病；所以孔子要說：「君子欲訥於言而敏於行。」

（〈里仁〉）「古者言之不出，恥躬之不逮也。」（〈里仁〉）古人不隨便說話，因為說了而做不到是可恥的。一個成德的人便能「久要不忘平生之言」⑮。

老子說：「輕諾必寡信。」一個人要做到言出必行，就必須重然諾。曾子的太太，因為兒子啼哭不止，就說：「別哭，殺豬給你吃。」曾子要殺豬了，太太不肯，她說：「小孩子嘛！我不過隨便跟他說說，何必認真！」曾子說：「對小孩子是不能隨便說說的，小孩子不懂什麼，他們全是跟父母學樣，現在騙他，就是教他欺騙。一個母親騙孩子，兒子不信任母親，這不是教育的道理。」結果豬還是殺了。

春秋時晉文公伐原，帶了三天的糧，預計三天可以拿下，三天後原不投降，就預備班師回國；這時城裡的間諜傳出消息：「原就要降了。」底下人都希望再等等。但是文公說：「信，國之寶也、民之所庇也，得原失信，何以庇之？」退了三十里原人就投降了。（《左傳．僖公二十五年》）信能使敵人低頭，使朋友間更親近。

春秋時候，季札過徐，徐君很喜歡季札的佩劍，不過說不出口，季札心裡明白，不過季札當時還有任務在身，所以沒有把劍送給徐君。等到季札辦完事回到徐，徐君已經故去，季札把佩劍解下，掛在徐君冢樹上才離開。寶劍上的輝光正是友誼的光輝。難怪古人要說：「得黃金百斤，不如得季布一諾。」⑯

我們覺得社會的秩序，就靠人人言出必行、言行一致來維繫。一個人輕率多言，「言多必失」！對自己是有害無益的；而言行不符更是個人的敗德，破壞人際關係和諧的因素。俗語說：「叫喚的鳥不肥。」非洲人說：「不說無益的話，免得口渴。」我們實不能不慎呀！以免「禍從口出」！

孔子以為「言辭，足以表情達意就夠了！」⑰如果我們講求修辭造句，也只是為了達意，更準確地表達我們的意思、以發揮語言（文字）的功能，而絕不是花言巧語以譁眾取寵，甚至招搖撞騙！

我們想，孔子很了解語言的功能，所以他也不避諱地說：「察言而觀色。」（〈顏淵〉）但是，如果一個人的語言，只講求形式的修飾，那麼禍害比根本不會說話大得多，孔子對這種毛病一定有深刻體認，所以他不止一次的說：「巧言令色，鮮矣仁！」⑱說：「巧言亂德。」（〈衛靈公〉）說：「巧言令色足恭，左丘明恥之，丘亦恥之。」（〈公冶長〉）

人和人相處，貴在和氣。巧言、令色、足恭——說話中聽、面容和悅、態度謙恭，不但不是壞事，還是做人必須的態度；不過一個人只講求外表，而不重內在的修養，就不足道。一個人巧言令色並不等於他做到了仁，仁重在躬行道德，外表的儀文算不得是仁！所以他討厭「佞者」⑲、討厭「利口之覆邦家者」（〈陽貨〉）！我們觀察人必須「聽其言而觀其行」（〈公冶長〉）。

在虛偽多詐的世上，如果要知道一個人是不是有道德，要從他實際的行為來衡量，絕不可只依外表的儀文來評定。我們更要記住的是：如果我們要說話了，我們就慢點說——我們要做話的主人；切莫浮言躁語、事後追悔，成了話的僕人。

子張問仁於孔子。

孔子曰：「能行五者於天下，為仁矣！」

「請問之。」

曰：「恭、寬、信、敏、惠。恭則不侮，寬則得眾，仁則人任焉，敏則有功，惠則足以使人。」（〈陽貨〉）

子張向孔子請教仁。

孔子說：「能夠做到五樣事情，就算仁了！」

「請問是哪五樣？」

孔子說：「恭謹、寬厚、誠信、勤快、惠愛。恭謹就不致招致侮辱，寬厚就能得人心，誠信就能得人信賴，勤快就能成事功，惠愛就能使人為我所用。」

孔子告訴顏淵：仁是克己復禮，是非禮勿視、非禮勿聽、非禮勿言、非禮勿動；告訴仲弓：仁是己所不欲，勿施於人；告訴司馬牛：仁者、其言也訒。我們以為，能恭謹、勤快，才能力行克己復禮，才能時時刻刻非禮勿視、勿聽、勿言、勿動；能寬厚、惠愛才能恕以待人；能誠信才能訥口少言。勿犯非禮，己所不欲、勿施於人，訥口少言：乃是一個人要做到仁，在行為上要注意的事情；恭、寬、信、敏、惠，乃是一個人要做到仁，在性格上該具備的條件。

一個天性具備恭、寬、信、敏、惠資質的人，如果再加後天的努力，在言行各方面多磨鍊，自然可以止於至善、達於至德。樊遲問仁，孔子告訴他：「愛人。」這兩個字真抵得上千言萬語。我們想社會秩序、人際關係都靠一個字維繫：愛。如果人類沒有愛心、人們不再愛人，那麼社會必將充滿恐怖、人和人之間也只剩下仇恨。

英國詩人威廉布萊克的〈毒樹〉，第一段寫著：

我對朋友感到憤怒：

我說出這憤怒，它消失了。

我對敵人感到憤怒！

我沒說出，它滋長了。

人如果缺乏情愛的滋潤，人的精神便化為無生命的東西，失去它的力量和生機，也不再能鼓舞我們在世界上留下一鱗半爪。只要有愛，上帝就在我們心裡，天堂就在我們左右。

說到這裡，我們忽然想起中國最偉大的詩人杜甫，讓我們看看他偉大的一面，〈茅屋為秋風所破歌〉：

八月秋高風怒號，卷我屋上三重茅。
茅飛渡江灑江郊，高者掛罥（ㄐㄩㄢˋ juàn）長林梢⑳，下者飄轉沉塘坳（ㄠ āo）。
南村群童欺我老無力，忍能對面為盜賊。
公然抱茅入竹去，脣焦口燥呼不得，歸來倚杖自歎息。
俄頃風定雲墨色，秋天漠漠向昏黑。布衾多年冷似鐵，嬌兒惡臥踏裡裂。
床床屋漏無乾處，雨腳如麻未斷絕。自經喪亂少睡眠，長夜霑溼何由徹㉑。
安得廣廈千萬間，大庇天下寒士俱歡顏。風雨不動安如山。

嗚呼！何時眼前突兀見此屋㉒，吾廬獨破受凍死亦足！

由於杜甫個人情感深摯、襟懷博大，才能寫出這種感人的詩篇：一陣狂風怒號，捲走了屋上三重茅。茅草居然渡江，可見風力之強！童子無知，居然仗著人多欺我！眼見茅草被公然掠奪，氣結之餘也只好黯然歎息。詩人這時心裡該充滿恨意吧！「屋漏偏逢連夜雨」！外面下大雨、屋裡下小雨，加上冷硬的老破被，孩子無知也無心，他並不想加深大人的愁苦，可是他討厭這一切，他討厭！

苦雨伴著不眠人，點滴到天明。大地多麼無情、人生多麼淒苦！我們的詩人，心緒一轉：安得廣廈千萬間，大庇天下寒士俱歡顏。一個人在自身難保的情況下，沒有怨天尤人、沒有搥胸頓足，卻只想到：和我一樣境況的人。他的心裡沒有恨，沒有怨，卻充滿了愛，這是「仁」的光輝，這也是杜甫被後人視為最具儒家色彩的詩人的原因㉓！

讓我們擁抱大地和人類吧！如果人間沒有情愛，那太陽為什麼那麼亮麗！

子貢問為仁。

子曰：「工欲善其事，必先利其器。居是邦也，事其大夫之賢者；友其士之仁者。」

子貢向孔子問「為仁」的方法。孔子說：「工匠要做好他的工作，必須先把工具弄好。我們在一個國家裡，應該在賢能官員下做事，應該和有仁德的人交往。」㉔（〈衛靈公〉）

子夏曰：「博學而篤志，切問而近思，仁在其中矣。」㉕（〈子張〉）子夏說：「一個人能夠廣求知識而篤志於道，能夠對於行己立身的道理審問並且慎思，就可以做到仁了。」

一個人能夠克己復禮，能夠己所不欲、勿施於人，能夠訥口少言，能夠恭寬信敏惠，能夠愛人，就是做到仁了。要用什麼方法才能做到仁呢？蘇格拉底說：「知識即道德。」而道德原於知識，乃是孔門師生所共信的。要求得知識自然只有學習一途，所謂「玉不琢，不成器；人不學，不知義。」（《三字經》）「義，人之正路也。」（《孟子．離婁上》）

在人生的旅途中，有正路、有邪徑，我們必須經過思辨才能有正確的選擇。思辨必須以知識為基礎，所以學是人生最重要的事情，我們可以說人生就是不斷的學習過程——活到老、學到老！不是嗎？凡事不可貪，但是求知識的心，卻是越大越好，因為只有這樣，知識對我們才會產生誘惑力，學的意志才會強，博學始為可能。

《中庸》：「博學之，審問之，慎思之，明辨之，篤行之。」求知就好比學游泳：學游泳，第一步必須能入，躍入游泳池，而且必須埋首水中；第二必須能出，能夠把頭從水裡抬出來；求知也是一樣：不埋首書中，則無所得，則不能精；如果只是埋首書中，則不免食古不化，落得個書呆子的雅號。所以我們一方面廣求知識，並且用自己的思維好好做思辨的工夫。

我們平常說學問、學問，所以要學，就要不恥下問：「知識增時只益疑」，為了釋疑，我們學習的熱忱更高了，而「問」，也是解惑的一種可靠的途徑。「師者，所以傳道、授業、解惑也。」（韓愈〈師說〉）從師學習、問惑於師，自是最可靠的學習方式。不過聖人無常師，由於孔子個人的體驗，為了擴大學習的觸鬚，孔子說：「事其大夫之賢者，友其士之仁者。」我們在工作中、交遊中，都可以取法別人，以達學習的目的。學習是過程，目的是「行」。如果我們知道為什麼要愛人、知道怎樣愛人，可是就是不愛人，所知也是枉然。

仁是孔子心目中一切德行的根本，重要自不待言。仁雖然重要，但並不玄遠——民生問題重要吧！民生問題只要每天依時解決就不成問題了，重要卻並不難辦！我們只要心中欲仁：要做仁人，要做個像人樣的人，就能做到仁。只要我們努力求知，只要我們從最切近的日常行為上用心、用力；只要我們從內心仔細體認自己，並且以這種感受去了解旁人；只要我們少說話、多做事；我們雖不一定是仁人，但亦必不遠了。

我曾在一位老師的研究室，見到一幅很有意思的對聯，錄在這裡，藉茲彼此互勉：

多讀些子書，

少說點兒話。

子曰：「民之於仁也，甚於水火。水火，吾見蹈而死者矣，未見蹈仁而死者也！」（〈衞靈公〉）

孔子說：「仁對於人，比水火重要。水火，我見過為它們而死的，卻沒有見過為仁而死的！」

子曰：「由，知德者鮮矣！」（〈衞靈公〉）

孔子說：「由呀！懂得修德的人很少呀！」

子曰：「吾未見好德如好色者也。」（〈子罕〉）

孔子說：「我沒有看見一個喜歡德行像喜歡美色一樣的人！」

孔子以仁代表精神生活，以水火代表物質生活。不錯，民以食為天，天大的問題不解決，人就不能活下去；食養活人，也養活其他動物。如果人只是為了活著——以物質來維持生命，那麼人和禽獸就沒有什麼兩樣了。孟子說：「人之所以異於禽獸者幾希！」（〈離婁下〉）人和禽獸的界線微極了，人有生存的問題，禽獸也有！人有繁殖種類的需求，禽獸也有！人和禽獸有什麼不同？

在生理構造方面，人和禽獸也大同小異，而這小異中最值得注意的是：人的腦比別的禽獸來得複雜，皺褶也來得特別多，這注定了一種事實：人除了自然性，還有理性；人需要物質生活，還需要精神生活；人生最大的問題，除了求如何生存下去，還求如何生存得更好！更美滿！

可歎的是「人為財死，鳥為食亡！」、「殺身成仁」只是志士仁人偶有的義行。孳孳為利的人，我們隨處可以見到；孜孜為善的人，卻是鳳毛麟角。難怪孔子要歎「知德者鮮矣」了！不錯，食、色，性也。但是人間世除了美色，還有美德！好色之徒，隨處可見；好德之士，卻不多得！難怪孔子要歎「吾未見好德如好色者也。」（這話除了見於〈子罕篇〉外，〈衞靈公〉也有，可見孔子對這種現象的關切和歎息之深了。）

子曰：「我未見好仁者、惡不仁者。好仁者，無以尚之；惡不仁者，其為仁矣，不使不仁者加乎其身。有能一日用其力於仁矣乎？我未見力不足者！蓋有之矣，我未之見也。」㉖（〈里仁〉）

孔子說：「我沒有見到〔這樣〕好仁和〔這樣〕惡不仁的人。那好仁的人，把仁看得高於一切；那惡不仁的人，他的為人，絕不讓不仁的人靠近他。我沒有見過，一個人真有一天決心用力去行仁而力不足的！可能有這種情形，可是我沒有見過。」

子曰：「回也，其心三月不違仁；其餘，則日月至焉而已矣！」㉗（〈雍也〉）

孔子說：「顏回能夠長時間依仁而行，心志不移；別的人就只能偶然達到仁的境界罷了。」

「只要功夫深，鐵杵磨成繡花針。」這句話本是鼓勵人用功的意思，不過我們從這句話倒是想到一個問題：用功夫在磨杵上，自然能磨成繡花針，如果想把粉筆磨成針，那麼多費功夫也是徒勞的。

這說明一件事：我們應該認清自己，而不該盲目附和。由於先天條件的限制，並不是每個人都能被磨鍊成少棒國手的！好在人類中不可移的「下愚」，正和人類中智商特高的天才一樣少見；何況「勤能補拙」！所以我們對自己還是可以放心，只要我們努力，我們就能達到目的。

孔子說：「我沒有見過，一個人真有一天決心用力去行仁而力不足的！」只要我們下決心做，我們就做得到：理論上是如此的，但事實上，在孔子那麼多弟子中，只有顏回可以長時間不違仁，其他人只是偶然做到罷了！這就關係到學習的態度了。

人有一種毛病：三分鐘熱度！比如學期剛開始，想到好的開始是成功的一半，就興奮地擬計畫、訂作息表：早上幾點起，誦英文、演數學，晚上幾點睡，睡前溫國文、背史地，電視只看新聞，報紙每天必讀，前一兩個禮拜，可能做得很好；慢慢的，電視劇真熱鬧、電視長片更精彩，不看多可惜，功課？明天早點起來再做吧！早上媽媽叫了，讓我再睡一會，不然上課沒精神！到了晚上：嘿！連續劇嘛！怎麼能不連著看！功課？明天……

明日復明日，明日何其多！等待復等待，萬事成蹉跎！

人要有恆心的從事一件工作是多麼不易！孔子說：「顛沛必於是！造次必於是！」不管外界環境怎麼改變，我們要堅持、要一本初衷，不能動搖！要知「節制是美德」。我們若能夠節制我們的欲念——貪睡、好玩等等，即使我們的努力並沒得到預期效果，可是我們已經打了一場勝仗——戰勝了自己！

所以孔子說：「南方人曾說：『一個人如果沒有恆心，那他連巫醫也不可以做！』這話好得很！」㉘「為善如登，為惡如崩。」一個人要學好，得有決心、信心、恆心、定力、毅力、努力，多不容易！一個人變壞，卻快得很，那情形就像崩落的滾石一樣，一落就是千丈！「仁」只是日常行為的準則，每時每刻依仁力行，就是仁人，可是孔子那麼多弟子，也只有顏淵一個人在這方面得到讚許。我們都知道「有志竟成」，可是在我們周圍，成功的人並不多，嘗了失敗就一蹶不振的卻多得是！持志有恆，真不是容易做到的！

【註釋】

①里，指住家的地方。

「仁為美」的「仁」，指仁厚風俗講。

擇，指選擇做人的道理，不是指擇居；如果指擇居，那麼孔子這話就沒什麼大意思了。

皇疏引沈居士曰：「言所居之里尚以仁地為美，況擇身所處而不處仁道，安得智乎！」

案：擇身所處，指擇處身之道，即擇做人的道理。

②復，本是「反」的意思，引申為遵循的意思。

《左傳．昭公十二年》：仲尼曰：「古也有志：『克己復禮，仁也。』信善哉！」那麼「克己復禮為仁」的話，是根據古志的。

朱注：「歸，猶與也。」案：與是讚許的意思。

目，指條目、細目。

③這個「彊」就是「強」字。

④見《莊子．逍遙遊》。

舉世，指全天下。

沮，沮喪。

意思說：一個人的意志、行為，不因外界的毀、譽而有所改變。

⑤孟武伯問：「仲由，仁乎？」

子曰：「不知也。」

又問。子曰：「由也，千乘之國，可使治其賦也；不知其仁也。」

「求也何如？」

子曰：「求也，千室之邑、百乘之家，可使為之宰也；不知其仁也。」

「赤也何如？」

子曰：「赤也，束帶立於朝，可使與賓客言也；不知其仁也。」

子張問曰：「令尹子文，三仕為令尹，無喜色；三已之，無慍色；舊令尹之政，必以告新令尹，何如？」

子曰：「忠矣！」

曰：「仁矣乎？」

曰：「未知，焉得仁！」

「崔子弒齊君，陳文子有馬十乘，棄而違之。至於他邦，則曰：『猶吾大夫崔子也！』違之；之一邦，則又曰：『猶吾大夫崔子也！』違之：何如？」

子曰：「清矣！」

曰：「仁矣乎？」

曰：「未知，焉得仁。」（〈公冶長篇〉）

憲問恥。

子曰：「邦有道，穀；邦無道，穀，恥也！」

「克、伐、怨、欲，不行焉，可以為仁矣？」

子曰：「可以為難矣！仁，則吾不知也。」

子曰：「君子而不仁者有矣夫！未有小人而仁者也！」（〈憲問篇〉）

由以上我們所引，可見仁在孔子心目中是最高的德行。

⑥終食，指吃頓飯的時間。造次，在十分慌忙的時候。顛沛，在艱難困頓的環境裡。見〈里仁篇〉。

⑦子曰：「仁、遠乎哉？我欲仁，斯仁至矣！」（〈述而篇〉）

⑧（晉）臼季曰：「臣聞之，出門如賓，承事如祭，仁之則也。」（《左傳·僖公三十三年》）那麼，「出門如見大賓」和「克己復禮」都是仁的古訓。

邦，指諸侯的國；家，指卿大夫的家。這兩句指人到處無怨，到處和人和平相處。

⑨朱注：「貫，通也。唯者，應之速而無疑者也。」

《玉藻》：「父母呼，唯而不諾。」

朱注：「盡己之謂忠；推己之謂恕。」

⑩「一言」，就是「一個字」。比如平常我們說《詩經》是四言詩的代表詩集，就是說《詩經》中的詩，大半是四個字一句的。

⑪朱注：「子貢言我所不欲人加於我之事，我亦不欲以此加之於人。此仁者之事，不待勉強，故

夫子以為非子貢所及。」

⑫寡妻，指寡德之妻；謙語。

⑬子曰：「夫仁者，己欲立而立人；己欲達而達人。」（〈雍也篇〉）

⑭《說文》：「訒（ㄖㄣˋ），頓也。」指言語遲鈍。

⑮孔曰：「久要，舊約也。」

朱注：「平生，平日也。」見〈憲問篇〉。

⑯季布是楚、漢時人，曾為項羽將。布重然諾，聞名關中。

⑰子曰：「辭，達而已矣！」（〈衛靈公篇〉）

⑱這話在〈學而篇〉和〈陽貨篇〉都有記載，雖然皇本和正平本〈陽貨篇〉沒有這章，不過我們想孔子說這話絕不只一次、兩次。

⑲子路使子羔為費宰。

子曰：「賊夫人之子！」

子路曰：「有民人焉，有社稷焉，何必讀書，然後為學！」

子曰：「是故惡夫佞者！」（〈先進篇〉）

朱注：「子路為季氏宰而舉之也。賊，害也。言子羔質美而未學，遽使治民，適以害之。〔有民人焉〕言治民事神，皆所以為學。」

夫（ㄈㄨˊ）人，就是「那人」。

⑳罥（ㄐㄩㄢˋ），掛也。

㉑徹，曉也。

㉒突兀，本是高貌。

韓愈詩：「須臾靜掃眾峰出，仰見突兀撐青空。」現在引申為行動或事件突然而至。

㉓《左傳》是反映儒家思想的作品，晉代的《左傳》專家杜預（曾注《左傳》）是杜甫的十三世祖。想來杜甫所反映的純儒思想，也是其來有自吧！

㉔劉疏：為，猶「行」也。

㉕這裡的篤志、切問、近思的對象都是道。

㉖這章的經文，可分為兩節。「我未見……加乎其身。」為第一節；「有能一日用其力於仁矣乎……我未之見也。」為第二節；這兩節經文在意義上並不能作為一章的文字。編《論語》的人，可能因為這兩節同為講到「仁」的話，而且在這兩節中，都有「我未見」三字，便把這兩章合為一章。實在，這兩節都可各自為一章的。「我未見好仁者、惡不仁者」，是孔子說他沒有見過這兩種人。當然，普通的好仁者和普通的惡不仁者，孔子當亦見過不少，他所沒有見過的，乃是「這樣的好仁者」和「這樣的惡不仁者」。下面緊接著的「好仁者無以尚之……不使不仁者加乎其身」二十四字，乃是說明上面「好仁者」和「惡不仁者」的。如果

當日記《論語》的人在「好仁者、惡不仁者」上加「如是之」三字，那麼文章就清楚了。現在我們只能在譯文上加上〔這樣〕兩字，以使文理清楚。「無以尚之」，尚，上也。之，指仁。心中沒有什麼比仁更上，把仁視為至高無上的。「其為仁」，似當作「其為人」。（見毛子水先生《論語今註今譯》）

㉗朱注：「三月，言其久。」

集解：「餘人暫有至仁時，唯回移時而不變。」

㉘子曰：「南人有言曰，『人而無恆，不可以作巫醫。』」（〈子路篇〉）而，如也。

禮——與其奢也，寧儉

林放問禮之本。

子曰：「大哉問！禮，與其奢也，寧儉；喪，與其易也，寧戚。」

——《論語・八佾》

禮——與其奢也，寧儉

孔子以「克己復禮」，以及「非禮勿視、非禮勿聽、非禮勿言、非禮勿動」，答顏淵的問仁。仁是孔子最重視的個人德行修養，而孔子以為依禮而行、勿犯非禮就能成為仁人；由此可見禮的重要性。孔子告訴伯魚：「不學《禮》，無以立。」（〈季氏〉）類似的話在〈堯曰篇〉也有①，想來這方面的言論，孔子當不只說了兩次。

子入大（ㄊㄞˋ tài）廟，每事問。

或曰：「孰謂鄹（ㄗㄡ zōu）人之子知禮乎？入大廟，每事問！」

子聞之，曰：「是禮也！」②（〈八佾〉）

孔子進入太廟，對每一件不十分明白的事都向人請教。

有人說：「誰說鄹人的兒子懂得禮？他進入太廟，每件事都問！」

孔子聽到這話，說：「這就是禮呀！」

子見齊衰（ㄗ ㄘㄨㄟ zī cuī）者、冕衣裳者，與瞽（ㄍㄨˇ gǔ）者，見之，雖少，必作；過之必趨。③（〈子罕〉）

孔子看見服喪服的人，在高位的人和眼睛瞎了的人，見了他們，即使他們年紀很輕，孔子也一定起立為禮；如果經過他們的前面，一定快步示敬。

孔子以言語表達他重視禮的意思，同時也以行動來表達他的重視禮。一個人初入太廟，自然有許多不確切知道的事情；不知而不問，就成為真正的不知了。「每事問」當然是問不確切知道的事情，問不確切知道的事情，才可算是敬謹，才可以算是禮。如果確切知道的事情卻也問，這是搗亂，是跟太廟管事的人過不去，不能算是禮——簡直是無禮透頂！所以我們要讀這章，就應該知道：「入」是初次入，「每事」也只是每一件不知道的事。從「每事問」，可以見出孔子的重視禮和他敬謹的心情。有人不了解孔子的心意，以為從「每事問」，可以見出孔子不知禮，否則何必每事問！卻不知「每事問」正是對禮的敬謹表現。

齊衰者、瞽者，自然可憫，冕衣裳者，自然可敬；孔子對可憫者表同情，對可敬者表敬意，即使他們年紀很輕，也不怠忽。起立為禮或快步示敬（古人走路經過別人的面前，以快步為敬。「（孔子）嘗獨立，鯉趨而過庭。」就是一例。即使我們現在，如果大模大樣走過尊長的面前，也是很沒教養的行為！），本都是很細小的事情，很容易做到的舉動；但是由於容易有時反而不做，由於細小因此時常忽略，孔子對這些細節也不放過，可見他對禮的重視、行禮的敬謹。

孔子謂季氏八佾（ㄧˋ yì）舞於庭：「是可忍也，孰不可忍也！」④（〈八佾〉）

孔子講到季氏在家廟中用佾的樂舞這件事說：「這種人如果可以容忍，那還有什麼人不可以容忍！」

三家者以〈雍〉徹。

子曰：「『相維辟公，天子穆穆。』奚取於三家之堂！」⑤（〈八佾〉）

三家徹祭時歌〈雍〉詩。

孔子批評說：「『相維辟公，天子穆穆。』這情景在三家的廟堂裡見得到嗎！」

季氏旅於泰山。

子謂冉有曰：「女弗能救與？」

對曰：「不能。」

子曰：「嗚呼！曾謂泰山不如林放乎！」⑥（〈八佾〉）

季氏去祭泰山。

孔子對冉有說：「你不能阻止嗎？」

冉有回答說：「不能。」

孔子說：「難道泰山的神還不如林放（那樣的懂禮）嗎！」

人缺什麼，就希望什麼；而一件事情、一種現象，會被人提出來議論，經常是因為：一件重要的事情，而人們卻不注意；一種不合理的現象，人們卻視而不見；在這種情況下，有識之士自然要提出他對這事情、這現象的看法。

孔子所以重視禮，實在也是因為當時人對禮的認識有偏差，而僭禮⑦的現象已經到了相當嚴重的地步。魯國的仲孫（後改稱孟孫）、叔孫、季孫三家是孔子時魯國最有權勢的貴族，他們操縱魯國的政治，他們的行為可視為當時貴族行徑的代表，我們以他們為抽樣看看：季氏不過是魯的大夫，只能用四佾；而竟然用八佾於家廟，這種違禮越分的情事，實在可恨可歎！

天子宗廟祭祀，徹祭時歌〈雍〉；三家不過大夫，也以〈雍〉徹。在三家的廟堂上，既沒有諸侯，更沒有天子，而〈雍〉詩明明是說「相維辟公，天子穆穆」，空擺譜，又有什麼意思?!古代天子得祭天下名山大川，諸侯則祭山川在其封內。現在大夫祭泰山，算哪門子事、成什麼體統！實在，像三桓（三家都是魯桓公的子孫，所以也稱為三桓）的行為，只能予人粗陋的印象。活像一個希望把鈔票掛滿全身，金銀珠翠頂戴一頭的暴發戶，他們唯恐別人不知道他有錢、有勢，所以常弄些特別的點子，來聳人耳目，以滿足個人的虛榮心。

孔子病了，病得一天一天地厲害起來。子路使門人用家臣的名義以預備喪事。後來孔子的病好一點了，說：「仲由的詐偽真使人痛心！我根本沒有家臣，卻要裝作有家臣的樣子！我騙誰？我騙天嗎？」⑧孔子曾經有大夫的身分，這時孔子已經離職去位，治喪就不該有家臣，子路這麼做，當然是為了尊重孔子，但是沒有卻裝作有、虛卻裝作實的詐偽行為，是孔子所痛恨的！所以孔子並不領子路的情！

顏淵死了，門人想要厚葬他。孔子說：「不可以！」弟子們還是厚葬了顏淵。孔子說：「顏回把我看作父親一樣，我卻不得把他看成兒子一樣。厚葬並不是我的意思；是幾個同學的主張！」⑨而顏淵的父親顏路，也曾要求孔子把車做顏淵殯時的椁！（見〈先進篇〉）於禮，士的殯禮，根本用不到「椁」！由這些事例，可見越分僭禮的歪風也吹到了孔門，難怪孔子要以「非禮勿視、非禮勿聽、非禮勿言、非禮勿動」應顏淵的問仁，孔子是在提醒門人：勿犯非禮、動無非禮，就能達到仁！可見守禮的重要。

實在，「君子之德，風，小人之德，草。草上之風，必偃！」⑩像季氏那樣魯國大權一把抓的重臣，一舉一動，自然產生極大的影響力；而他們違禮越分的舉動，為害國家是很大的，所以孔子再三痛斥他們的行徑！

子曰：「觚（ㄍㄨ gū）不觚，觚哉！觚哉！」⑪（〈雍也〉）

孔子說：「觚卻沒稜沒角，那怎麼叫作觚！那怎麼叫作觚！」

子曰：「事君盡禮，人以為諂也！」〈八佾〉

孔子說：「一個人謹敬的照著禮事君，世人卻認為這是向君上諂媚！」

禮制器物盡皆失禮，在一個重視禮的人看來，是多麼痛心的事情！社會上有一等人：自己不幹好事情，還不喜歡別人做好事情。真莫名其妙！真無可奈何！孔子說：「國君賜酒而臣子拜於堂下，這是禮。現在，臣子都只在堂上拜謝，實在不恭。我寧可違背眾人，還是堅守拜於堂下的禮！」⑫普通人不能明辨是非，既可歎又可笑！人必須有道德的勇氣，禮不可廢，即便是違眾也要守禮！

我們仔細想想：我們為什麼要讀書？是為了解決吃飯問題嗎？賣勞力也能解決吃飯問題。民生問題是人生最大的問題，也是最容易解決的問題。這個問題的難於解決，不在問題本身，而在人心的多欲——吃了還想吃得更好，穿了還想穿得更好，有了黑白電視想彩色的，有了照相機想攝影機，問題大了、煩惱多了，解決這些問題，就需要知識。

知識使我們能夠辨是非、明善惡，知道什麼該做、什麼不該做？怎麼做最合理？曾經在報上看了這麼一段：一個船家要找個夥計，來了兩個年輕人應徵，船主人看兩個人都很不錯，因此難於取捨。老闆娘要頭家把這事交給她辦。他要兩個年輕人坐，自己回身下廚煮了兩碗麵，很乾的、沒湯水的、又盛得高高的！兩碗乾麵端到兩個年輕人面前，老闆娘又舀來了一大杓滾湯，對著高聳的麵堆就澆下去，湯溢流下來：一個年輕人用舌頭舔，唯恐湯流到桌上；另一個卻眼明手快抓起筷子挑起麵條，鬆它幾下。好了，結果是不必說的。這個例子當然很粗淺，不過知識的力量，從這個粗淺的例子已經顯現出來。

《荀子．榮辱篇》：「仁義德行，常安之術也，然而未必不危也；汙僈突盜，常危之術也，然而未必不安也。故君子道其常，小人道其怪。」⑬君子、小人的分野就在於知識的有無，一個沒有知識的人，看見卑鄙偷盜，富厚累世，不免道其怪、行其危。

朔是中國農曆每月的頭一天。告朔是天子把一年十二個月的朔政（曆書）布告諸侯的儀式。告朔的餼羊，是每個諸侯國所預備的生羊，以招待天子頒曆的使臣的。這個對「告朔之餼羊」的說法，乃是根據劉台拱的《論語駢枝》。雖然這個說法許多注家不贊成，但有一點我們可以確切知道：「告朔」是一種禮，「餼羊」是為「告朔」而設的。孔子時「告朔」禮已經廢止，那麼因「告朔」禮而設的「餼羊」，自然沒有再設的必要，所以子貢主張去了。

在我們想，孔子這種實實在在的人，對這種設得無謂的餼羊，應該主張去了；但是，孔子卻說：「賜也，你捨不得那羊，我卻捨不得那禮！」⑭孔子難道不知道空設餼羊的無謂嗎？但是想到天子政令的不行，諸侯國差不多什麼事都擅作主張。本來普天下的土地，都是天子的土地，普天下的人，都是天子的子民；而周王室從東遷以後，天子的勢力衰了。諸侯本是天子分封的，如今天子反得要諸侯們「多多支持」了！想到這些，還有什麼心情去計較一隻餼羊呢！孔子對禮儀敗壞的惋惜心情，我們可以從「愛禮」的話，體會一二。

子曰：「恭而無禮則勞，慎而無禮則葸（ㄒㄧˇ xǐ），勇而無禮則亂，直而無禮則絞。」⑮（〈泰伯〉）

孔子說：「一個人恭敬而不合禮，必是徒勞而失儀；謹慎而不合禮，往往因過分小心而畏縮不前；勇敢而不合禮，便近於暴亂；率直而不合禮，就顯得急切。」

子曰：「能以禮讓為國乎，何有？不能以禮讓為國，如禮何！」（〈里仁〉）

孔子說：「能用禮讓的道理來治國，對處理政治就沒有什麼困難了！不能用禮讓的態度治國，那怎麼樣對得起『禮』！」

在孔子的心目中，禮是人生一切行為的規範。人的行為依禮而行，就中規中矩，否則必定弊病叢生。孔子以後的大儒荀子，特別重視禮，他以為人生「食飲衣服、居處動靜」，由禮則和節，不由禮則百病叢生。人的「容貌態度、進退趨行」，由禮就雅，不由禮就野。至於「治氣養心之術」，無不由禮而生。（見〈修身篇〉）顯然荀子以為禮是人生規範、人生修養的準則，是個人立身處世所應守的規範。

《左傳．隱公十一年》：「鄭莊公曰：禮，經國家、定社稷、序民人、利後嗣者也。」⑯孔子以為禮讓所以治國，荀子以為「國無禮則不正」（〈王霸〉）：「足國之道，節用裕民，而善藏其餘。節用以禮，裕民以政。」（〈富國〉）顯然禮在儒者的心目中該是今日倫理學、社會學、法學、經濟學、政治學的綜合。難怪孔子說：「能從書本上廣求知識，而以世間最大的道理——禮為綱維，行為便不會有過失了！」⑰實在：「讀書如遊山，淺深皆有得。」平常我們說「開卷有益」。

當然，選擇好書的重要是不必說的，尤其在今天印刷術發達、出版業興旺的情形下，書的流品太多，選書讀更是門學問。我們如果肯讀書，當然多少可以獲益；但是，如果我們知道所要尋覓的是什麼？時時以這個目標為讀書的中心，內心自然不至駁雜叢生。比如：想了解海底生物的生態，那麼我們在找書和讀書時，自然以這個目標為中心，凡和這個目標沒關聯的材料，我們都可暫時捨棄。

孔子以為一個人應該廣求知識，並且從所求得的知識中，披除可疑的部分，以建立德行的準則。荀子以為「人無禮則不生，事無禮則不成，國家無禮則不寧。」（〈修身〉）禮是人生道路上最重要的道理。

子曰：「質勝文則野；文勝質則史。文質彬彬，然後君子。」⑱（〈雍也〉）

孔子說：「一個人如果實質勝過文采，那麼，就顯得樸野；文采勝過實質，那麼，就是虛有其表。一個人能兼有實質和文采，便成為一個君子了。」

我們為人處世，每每會發生偏差，不是太過，就是不及，事實上這都是毛病，因為：過猶不及！所以孔子特別重視「中庸」的德行。四書裡還有《中庸》，可見在中國人的思想中：「中庸」之道的分量。「喜怒哀樂之未發謂之中；發而皆中節謂之和。」（《中庸》）一切喜怒哀樂的感情是蘊涵於中的，如果表現出來，而能表達得中規中矩就是和。人人中規中矩，社會自然和睦融洽，所以中庸是天下最好的德行。

中國人凡事講中庸，我們聽長輩告訴我們：話不要說得太過、福不要享過頭、樂極則悲生，都是在強調「極之而衰」的道理。在孔子以為：質勝文、文勝質，都是有缺陷、令人遺憾的。我們也許可以說「質」是內在美、「文」是外在美，如果一個人滿腹學問，卻蓬頭垢面、不修邊幅，不是很令人遺憾的事嗎！

嵇康是竹林七賢之一，他的學問很好，詩文都有一手，可是他自己招認：「頭面常一月十五日不洗，不大悶癢，不能沐也。」⑲想想：一個人頭面常一月十五日不洗，是什麼德行！現在社會上美容院、整形醫院林立，愛美本是人的天性，修飾門面也是正當的道理——古代女人不是還講究婦「容」嗎！不過這修飾只是把自己弄得「停停當當」、整整齊齊、乾乾淨淨，不讓別人眼睛受罪、鼻孔受氣、心裡作嘔！其實這也是做人應該有的禮貌，我們看西洋人把最好的衣服留著進教堂穿，也是為了對上帝表敬意吧！但是一個人如果把自然的身體，填填補補，弄成個人工臉孔，就違反自然，就不自然。想想：十八歲的臉孔、五十歲的手，七十歲的聲音，多可怕、多滑稽。所以太不修邊幅固然叫人受不了，太做作也一樣叫人受不了。

棘子成曰：「君子質而已矣，何以文為？」子貢曰：「惜乎！夫子之說君子也，駟不及舌。文猶質也；質猶文也。虎豹之鞟

（ㄎㄨㄛˋ kuò），猶犬羊之鞟也？」⑳（〈顏淵〉）

棘子成說：「一個君子只要有實質就可以了，何必要文呢？」

子貢說：「可惜呀！棘大夫您說的君子呀！話一出口，四匹馬也追不回來，文和質是一樣重要的。〔如果沒有文的不同，君子、野人就不容易分別。〕虎豹的革和犬羊的革看起來不是一樣嗎？」

看文、質哪一樣重要點？還真是個引起爭論的問題。不過，以人講起來，文采（外在）的求全比較容易，而實質（內在）的充實比較困難，何況東坡有詩「腹有詩書氣自華」，一個人只要內在充實，自然外發為一種不可外求的文華。那麼實質似乎比文采重要了？那麼子貢的話，又怎麼說？子貢虎豹犬羊的例，只是為了駁倒棘子成「何以文為」的問題，而不表示子貢重文采（那麼相對的就是輕實質囉）的意思！子貢不是說：「文猶質也，質猶文也」嗎！實在！文質彬彬才是令人嚮往的！

子曰：「禮云禮云，玉帛云乎哉！樂云樂云，鐘鼓云乎哉！」㉑（〈陽貨〉）

孔子說：「禮呀禮呀！難道就是說的玉帛嗎！樂呀樂呀！難道就是說的鐘鼓嗎！」

林放問禮之本。

子曰：「大哉問！禮，與其奢也，寧儉；喪，與其易也，寧戚。」㉒（〈八佾〉）

林放請問行禮時最重要的原則是什麼？

孔子說：「你這個問題很了不得、很有意義！在禮上，與其太奢侈，寧可太儉省；在喪事上，與其過於節文熟習，寧可過於哀戚。」

子曰：「奢則不孫（ㄒㄩㄣˋ xùn），儉則固；與其不孫也，寧固！」㉓（〈述而〉）

孔子說：「一個人奢侈就難免不謙遜，太省儉就顯得固陋；與其顯得不謙遜，寧可顯得固陋！」

子曰：「以約失之者鮮矣。」㉔（〈里仁〉）

孔子說：「因為儉約而犯了過失的，是很少的！」

子游曰：「喪致乎哀而止。」㉕（〈子張〉）

子游說：「居喪只要能盡了哀思也就夠了。」

在前面我們說過：儒家所謂的禮，實包含一切的人生規範，至於玉帛酬酢，實是禮的末節。樂的意義在：行而樂之、移風易俗，至於敲鐘撞鼓，只是樂的形式。擺樣子，人人會，把握精神，就難得多。因此形式主義泛濫，任何事只求表面、不管內涵，所以林放要問行禮的原則。林放的問，實反映他對這種不合理現象的關切與憂慮，所以孔子認為問得有價值；而孔子的答，更具價值。

當然：「中庸」不過兩個字，但是要做得不偏不倚，實在不是易事。所以孔子提出了最重要的指示原則：「禮，與其奢也寧儉；喪，與其易也寧戚。」奢和儉，都未得中道；但是，奢侈的禍害是不必講的，因儉約而生過失的卻很少；孔子把握住這一點，所以有這樣的談話。

辦喪事，只要盡了哀思也就夠了，形式，是為了藉以適度地表達哀思。我們說適度，是因為「毀不滅性」（《孝經》）。如果哀毀過度，以致傷生，也不合度。如果捨本逐末，只重形式，既流於奢侈，又沒有把握處理喪事的精神，這自是孔子所反對的。

玉帛酬酢、敲鐘擊鼓，是形式，對人來說是很重要的事——沒有這些怎麼表達禮、樂？但也是末事，就好比儀容對人來說，是很重要的事——誰不重視自己和旁人的儀容？但也是末事。

有子曰：「禮之用，和為貴。先王之道斯為美，小大由之，有所不行。知和而和，不以禮節之，亦不可行也。」㉖（〈學而〉）

有子說：「在禮的實際運用上，以能調和損益、斟酌得中為貴。先代傳下來的道理，這禮是最美好的，不過我們如果大大小小的事情都要死板地照著禮，有時候就行不通。〔所以我們必須用和，〕但若知道和的重要而一味用和、不用禮來節制，那也是不行的。」

我們總覺得天下很少一成不變的道理。「多子多孫多福多壽」是中國的老觀念，《詩經》的〈螽斯〉和〈麟之趾〉就是頌美他人子孫昌盛的詩篇。而今人們卻說「兩個孩子恰恰好」！

人在變、時代在變，價值觀念也就不斷跟著變。古人說「一飯足以飽我腹，一衣足以飾我躬。」現在人卻滿嘴：營養！時髦！看看書攤上印刷精美的食譜和時裝雜誌，我們不得不說：時代變了！有人說了：吃飽就夠了，遮體就行了，營養？時髦？浪費！奢侈！浪費嗎？奢侈嗎？古代人穴居野處，現代人華廈廣居；古代人茹毛飲血，現代人食必精美；古代人但求遮體，現代人要趕潮流；古代馬車木船，現代人飛機輪船汽車摩托車。

表面上看起來，古人儉今人侈——文明帶來了奢侈，因此有人反文明、厭奢侈，法國的盧梭、俄國的托爾斯泰，還有前一陣子在美國大行其道的嬉皮士，都是這一類人。比如：我們的十大建設，每一樣都是很費錢的，那該算得浪費啦?!但是我們車行高速公路，多麼穩、捷；那車陣一輛接著一輛，受惠的人何止千萬，這不是浪費、奢侈，這是文明。又如：前一陣子舉行文藝季、音樂季、戲劇季，也用了不少公帑，多浪費！可是這個活動帶給人們正當的休閒生活，帶動社會欣賞藝術的風氣，效果是無形而廣大的，這是文明，不是奢侈。

我們覺得支配錢財的藝術是：怎麼樣用錢而不是怎麼樣省錢。有的事用了很多錢，但效果廣遠、受益者多，就用得值得；即使耗費不算太多，但不生善果，轉生惡果，就是奢侈，就不當用。晉朝的王戎既貴且富，但他是出名的儉嗇鬼。他的姪子結婚，他給了一件單衣，後來還跟他姪子要了回來！他女兒嫁給裴頠，跟他借了點錢；女兒回來，他臉色很難看，女兒趕快還了錢，見了錢，臉色才放開！

晉時石崇是出名的汰侈爺：每一次請客，都叫美人向客人敬酒，客人不能乾杯的話，就斬美人。王武子家的蒸豬特別肥美，和平常的味道不同，原來豬是人奶餵大的！窮奢極侈，兼荒唐之至！雖然儉很少帶來過失，但太儉就是嗇，就不合情理。錢是用的、不是看的，但用得不得當，就要生出流弊！

禮，就是使一切合情合理的規範。可是時代變了，許多事物、觀念也跟著變了，如果一切毫不變通的依禮而行，自然有行不通的。在古代用麻布製冕，這是禮，是向來的成例。孔子時人們都用絲製冕，看起來華麗美觀而又省工易成，孔子就不從舊禮而從眾，可見孔子並不一味固執！

國君賜酒臣子拜於堂下，乃是正禮；可是孔子時臣子都只在堂上拜謝，這實在是簡慢不恭，孔子寧可違背眾人，還是堅守拜於堂下的禮！以禮節之，㉗孔子的學生觀察孔子得的印象，認為在孔子身上找不到「意、必、固、我」的毛病㉘，實在，孔子是最不固陋、最通情達理的人！

子曰：「人而不仁，如禮何？人而不仁，如樂何？」㉙（〈八佾〉）

孔子說：「一個不仁的人，怎麼樣行禮？一個不仁的人，怎麼樣作樂？」

孔子這話可能還有一層意思：「一個不仁的人，即使行禮作樂也沒有什麼用處！」我們覺得做人難，而仁正是做人最大的道理，只要我們實實在在從日常行為做去，只要我們以己思彼，常存愛心，我們就能做到仁。禮是正正當當的道理，只要我們紮紮實實地做，不好高鶩遠、不偷得虛表！那麼就已經合禮了。《孟子．離婁下》：

> 君子所以異於人者，以其存心也。君子以仁存心、以禮存心。仁者愛人，有禮者敬人；愛人者人恆愛之，敬人者人恆敬之。有人於此，其待我以橫（ㄏㄥˋ hèng）逆，則君子必自反也：我必不仁也、必無禮也，此物奚宜至哉！其自反而仁矣，自反而有禮矣，其橫逆由是也。君子必自反也：我必不忠。自反而忠矣！其橫逆由是也。君子曰：此亦妄人也已矣。如此則與禽獸奚擇哉！於禽獸，又何難（ㄋㄢˋ nàn）焉。㉚

人和人相處要以愛心、以敬意；不過有時我們雖再三反省，自覺無愧於心，而對方「橫逆」如一，那麼這個人只能算是「妄人」！和禽獸相去不遠！「人之所以異於禽獸者幾希！」人和禽獸所不同的，只在「存心」而已！而「在知道美德是什麼的人中間，美德才是美德。」對於一個「妄人」，又有什麼可計較的！孟子「存心」兩字，說得最好。只要我們行為的動機是善意的，只要我們以仁、以禮為行為動機，那麼我們已經有了好的開始。餘下的是我們切切實實、正當合理的行為了，能這樣自然能夠仁至禮行、情文俱盡了。

【註釋】

①子曰：「不知命，無以為君子也；不知禮，無以立也；不知言，無以知人也。」（〈堯曰篇〉）

②大（ㄊㄞˋ）廟：漢石經作「太」。包曰：「大廟，周公廟。」

吳英說：「入者，前此未始入而今始入之辭也。」

「每事問」，當是問不確切知道的事情。

鄹（ㄗㄡ），地名，是孔子的家鄉。鄹，《說文》和《左傳》作「郰」。這裡的「鄹人」指孔子的父親（郰人紇）。

③齊衰（ㄗ ㄘㄨㄟ）。齊，本作「齍」，緝也；用線縫衣服的邊叫緝。衰，本作「縗」，喪服，用麻布做、披在身上的。五服中最重的孝是斬衰，斬，是不緝，衣服邊是不縫的；齊衰是次於斬衰的孝服。這裡以「齊衰」指有喪服的人。

朱注：「冕，冠也。衣，上服；裳，下服。冕而衣裳，貴者之盛服也。」

瞽（ㄍㄨˇ）者，瞎子。

包曰：「作，起也。趨，疾行也。此夫子哀有喪、尊在位、恤不成人。」

④皇疏：「謂者，評論之辭也。季氏，魯之上卿也。」是。向來注家都以為指「八佾（ㄧˋ）舞於庭」的事；但是，如果「是」指舞八佾，那麼「孰」也應指事言；但是經傳裡「孰」都是指人的，所以這章裡的「是」，似當指季氏。是，就是「是人、此人」。

馬曰：「佾，列也。天子八佾，諸侯六，卿、大夫四，士二。八人為列，八八六十四人。魯以周公故，受王者禮樂，有八佾之舞。季桓子僭於其家廟舞之，故孔子譏之。」

⑤朱注：「三家，魯大夫孟孫、叔孫、季孫之家也。〈雍〉，周頌篇名。徹，祭畢而收其俎也。天子宗廟之祭，則歌〈雍〉以徹。是時三家僭而用之。」

案：俎（ㄗㄨˇ zǔ），祭器，用以載牲。

「相維辟公、天子穆穆」，是〈雍〉詩中的兩句。相，助也。維，語詞。

包曰：「辟公，謂諸侯及二王之後也。」穆，本是「和」的意思，這裡用「穆穆」形容天子安和的樣子。

奚，何也。

⑥馬曰：「旅，祭名也。禮，諸侯祭山川在其封內者。今陪臣祭泰山，非禮也。」

陪臣，意同重臣。魯君是周天子的臣，季氏是魯君的臣，所以是天子的陪臣。

馬曰：「救，猶『止』也。」

包曰：「神不享非禮。林放尚知問禮（案：這章之前即「林放問禮之本」章。），泰山之神反不如林放耶？」

曾，意同「乃」。曾謂，就是「難道說」。

⑦僭（ㄐㄧㄢˋ）：說文：「假也。」《玉篇》引作「儗」也。段氏云：「以下儗上，僭之本義也。」我們說僭越，就是僭冒名義踰越其分位。僭禮，就是行禮時不依分位，僭冒名義。僭號，就是越分用較尊的名號。

⑧子疾；病。子路使門人為臣。

包曰：「疾甚曰病。」

病閒，曰：「久矣哉由之行詐也！無臣而為有臣！吾誰欺？欺天乎？……」（〈子罕篇〉）

「子路使門人為臣」，朱注：「夫子時已去位，無家臣。子路欲以家臣治其喪，其意實尊聖人，而未知所以尊也。」

《廣雅．釋詁一》：「閒，瘉也。」病閒，就是病好了一點。

鄭曰：「孔子嘗為大夫，故子路使弟子行其臣之禮。」

劉疏：「為即是偽；無臣而偽有臣也。」

「久」應該作「疚」。（見毛子水先生《論語今註今譯》）

⑨顏淵死，門人欲厚葬之。

子曰：「不可！」門人厚葬之。

子曰：「回也，視予猶父也，予不得視猶子也。非我也，夫二三子也！」（〈先進篇〉）

朱注：「喪具稱家之有無，貧而厚葬，不循理也。故夫子止之。」

⑩ 見〈顏淵篇〉。朱注：「上，一作『尚』；加也。偃，仆也。」

⑪ 觚（ㄍㄨ）是一種有稜角的酒器。

朱注：「不觚者，蓋當時失其制而不為稜也。觚哉觚哉，言不得為觚也。」

⑫ 子曰：「拜下，禮也；今拜乎上，泰也。雖違眾，吾從下！」（〈子罕篇〉）

皇疏：「下，謂堂下也。禮，君與臣燕，臣得君賜酒，皆下堂而再拜，故云：『拜下，禮也。』周末（案：指周朝末年），臣得君賜酒，但於堂上而拜，故云：『今拜乎上，泰也。』」

⑬ 楊倞注：「僈，當為『漫』，漫，亦『汙』也。突，陵觸也。」

⑭ 子貢欲去告朔之餼羊。

子曰：「賜也，爾愛其羊；我愛其禮！」（〈八佾篇〉）

愛，是吝惜、捨不得的意思。

⑮ 朱注：「葸（ㄒㄧˇ），畏懼貌。絞，急切也。」

⑯ 經，是治理的意思。

序，本意是秩序，引申為條理的意思。

後嗣，指後代子孫。

⑰子曰：「君子博學於文，約之以禮：亦可以弗畔矣夫！」（〈雍也篇〉）

文，就是「則以學文」的「文」。是指用文字記載的書籍。

約，本有約束的意思，這裡是說用禮為綱維、以禮為主旨。

鄭曰：「弗畔，不違道。」

⑱野，〈先進篇〉：「先進於禮樂，野人也」的「野人」朱注訓為「郊外之民」，就是鄉下人。鄉下人質樸少文，這章的野就含有質樸的意思。

包曰：「史者，文多而質少也。彬彬，文質相半之貌也。」

⑲見嵇康〈與山巨源絕交書〉。巨源是山濤的字，他做吏部郎的時候，推薦嵇康來代替他的職位，嵇康便寫了這封信和山巨源絕交。信中舉出必不堪者七，甚不可者二，以明他個人不適合做官的性情。朋友貴相知，山巨源不能了解嵇康的性情而舉他自代，所以只好與他絕交。文中很可見出魏晉名士的某種派頭。

沐，是洗頭。

⑳棘子成是衛大夫，當時稱大夫為「夫子」。

一車四馬叫做駟，因此四匹馬也叫駟。駟不及舌是「過言一出，駟馬追之不及！」（鄭注）現在我們說一言既出，駟馬難追，就是根據這裡所說的。

《詩經．韓奕》傳：「鞹（ㄎㄨㄛˋ），革也。」《說文》：「獸皮治去其毛曰革。」鞟同「鞹」。虎豹皮所以比犬羊皮貴，是因為毛不同；君子之所以不同於野人，是文采不同。如果說只要質不需文，那麼虎豹、犬羊的皮全去了毛，則虎豹的革和犬羊的革又有什麼不同！如果只要質不需文，那麼君子和野人又何以分別！「猶犬羊之鞟也」「也」字依皇本、正平本。

㉑ 鄭曰：「言禮非但崇玉帛而已，所貴者安上治民。」

馬曰：「樂之所貴者，移風易俗，非謂鐘鼓而已。」

㉒ 鄭曰：「林放，魯人。」

朱注：「易，治也。孟子曰：『易其田疇。』在喪禮，『易』則節文習熟而無哀痛慘怛之實者也；『戚』則一於哀而文不足耳；禮貴得中，奢易則過於文，儉戚則不及而質：二者皆未合禮。然凡物之理，必先有質而後有文。則質乃禮之本也。」

㉓ 孫（ㄒㄩㄣˋ），音義同「遜」。

固，是固陋的意思。

㉔ 鄭曰：「約，儉。儉者恆足。」

㉕ 致，極盡的意思。

㉖ 禮是相傳的節文；和是斟酌得中、調和損益。

斯，指禮。

「小大由之，有所不行」，是「和為貴」的理由；「之」亦指禮。

皇疏：「人若知禮用和而每事從和，不復用禮為節者，則於事亦不得行也。所以言『亦』者：

沈居士云，『上純用禮不行：今皆用和亦不可行也。』」

㉗子曰：「麻冕，禮也；今也純，儉：吾從眾！拜下，禮也；今拜乎上，泰也：雖違眾，吾從下！」（〈子罕篇〉）

《說文》：「冕，大夫以上冠也。純，絲也。」

㉘子絕四：「毋意，毋必，毋固，毋我。」（〈子罕篇〉）這裡的「毋」通「無」。

意，是臆測，憑空亂想。

必，期必也。

固，固執。

朱注：「我，私己也。」無我，是沒有私心。

㉙包曰：「言人而不仁，必不能行禮樂也。」

㉚橫（ㄏㄥˋ）、難（ㄋㄢˋ）：朱注：「橫逆，謂強暴不順理也。物，事也。由，與猶同。奚擇，何異也。又何難焉，言不足與之校也。」

政者——正也

季康子問政於孔子。

孔子對曰：「政者，正也。子帥以正，孰敢不正！」

——《論語·顏淵》

政者——正也

孔子一生的事業在教學，而他的理想卻是政治。孔子眼見列國紛紜、民不聊生，所以周遊天下，希望能夠在政治上發展抱負，使天下太平。跑遍了各國，孔子發現：事與願違，因此他想到用教育來發揮移風易俗的影響力，同時造就一批新的政治俊才，投入政治，發揮扭轉乾坤的力量；因此，孔子有一套完整的政治哲學：

子曰：「為政以德，譬如北辰，居其所而眾星共（ㄍㄨㄥˇ gǒng）之。」①（〈為政〉）

孔子說：「用德行來處理政治，就像天的北極，靜靜地在它的崗位而滿天星斗都環繞它運行。」

孔子這話可分兩層意思：「為政以德」、「居其所而眾星共之」：「德政」是儒家最重要的政治理想。我們下面會仔細討論；這裡要先說的是無為的政治態度。老子說「治大國若烹小鮮。」烹小魚的手續越少越妙，弄點油一煎就成了，如果要刮鱗、去鰓、剖肚，那魚必定糜爛！治國若烹小鮮，是政治上越簡單越好。

我們看如今法有民法、刑法等等，但是犯法者卻層出不窮，這真應了老子所謂「法令滋彰、盜賊多有」！老子以為「我無為而民自化」！提倡端拱而居、無為而治。

孔子以為古代君王中以堯舜最可敬，他們「無為而治」、「恭己正南面而已矣」②，他們使「民無能名焉」③！在政治上，孔子提出了一個重要的局面：居其所而眾星拱之！所以葉公問政，孔子告訴他說：「使近人歡悅，使遠人來歸。」④是歡悅、是來歸；而不是攻城掠地、殺伐無已！

季康子問政於孔子。

孔子對曰：「政者，正也。子帥以正，孰敢不正！」⑤（〈顏淵〉）

季康子向孔子問政的道理。

孔子問答說：「政，就是『正』，你自己先依著正道做，那誰敢不依著正道做呢！」

「政者正也」可以說是從古以來最好的政治格言。孔子一切政治思想，都以這個觀念為基礎：自身「正」了，眾星才會拱之！而無為而治的理想才能實現。以「正」為「政」，「為政以德」的理想才有指望。否則只有嚴刑峻法、大開殺戒，搞恐怖政治！

季康子就曾以「殺無道以就有道」向孔子討教。孔子回答他：「幹政治何必用殺呢！你自己本身喜歡好事，大家就會做好事了。在上位的就像風，老百姓就像草。草，如果風來吹它，一定隨風而倒。」⑥俗語說：「上樑不正，下樑歪。」「一個在上位的人，本身做得正當，就是不下命令，老百姓也會做；本身做得不正當，就是下命令，老百姓也不會聽。」⑦

季康子對盜賊感到傷腦筋，向孔子請教。孔子回答說：「如果你自己不貪欲，就是獎賞人去偷也沒人會去偷。」⑧

《韓非子．外儲說左上》有這樣的記載：齊桓公喜歡穿紫色的衣服，因此全國人都穿紫。當時，紫布貴得離譜，桓公很為這件事傷腦筋。對管仲說：「我就是愛穿紫衣服，現在紫布貴得要命，全國人還拚命穿紫衣服，我怎麼做才好呢？」

管仲說：「您想阻止這種歪風，何不試試：您先別穿紫衣服。您對左右的人說：『我好討厭紫的臭味。』左右的人正好有穿紫衣服的，您一定要說：『退後點！我怕紫臭！』」

桓公聽了管仲的話只好應著：「好吧！」當天，辦公廳沒人穿紫了。第二天，國都內都沒有人穿紫了。三天後，齊國境內沒人穿紫了。這真是《詩經》上說的：「不躬不親，庶民不信。」

有一段時間，臺灣流行穿青年裝，各機關紛紛以青年裝為制服，這多少和經國先生常穿著公開露面有關係吧！依據《史記．孝文本紀》的記載：漢文帝在位二十三年期間，宮室苑囿、狗馬服御，都沒有添加什麼！曾想作露臺，一估價得黃金一百斤。文帝說：「這黃金百斤差不多是中等人家十戶的財產。我承受先帝宮室，常怕辱及先帝，作什麼臺嘛！」文帝常穿厚綢衣；最受寵的慎夫人，都不許衣長拖地（古代衣裳以長為美，衣長拖地才好看）；幃帳不許文繡。這許許多多的「不許」，也只為了表示「敦樸」──敦厚樸實，以為天下表率。治霸陵，全用瓦器，不得用金銀銅錫為裝飾，不治墳，為了是省儉不侵擾百姓。⑨一位皇帝對自己生平和身後事，都盡量弄得省儉，影響所及，自然很大。

武帝是一位雄才大略在歷史上有表現的君主，尤其對付北邊的匈奴很有成績，這種成就是府庫充實所帶來的。如果不是先帝自奉節儉為國家積存財富、厚植國力，大漢聲威又豈能遠播。想來孔子說的：「如果自己做得正，那對政治還有什麼難處！如果自己不正，那怎麼能夠正別人！」⑩是很有道理的。

荀子體認君的重要性：「君者，儀也；儀正而景正。君者，槃也；槃圓而水圓。君者，盂也；盂方而水方。」⑪君處一國的最高領導地位，他的行為可以為天下的表率。政治為清、為濁，端視原清、原濁；而「君者，民之原也。」（〈君道〉）

荀子以為：為國以修身為先⑫，君不但是政治體系中的主腦，也是社會教化的儀範，他既需具備政治才能，亦身兼道德化身；他是治之原，也兼教之本。荀子經常「君師」並稱、「聖王」同舉，正是他以「道德純備、智惠甚明」、「備道全美」責君的理念的表現。荀子這一種重視君德的政治理論，顯然是孔子「政者正也」理論的流衍。

子曰：「道之以政，齊之以刑，民免而無恥。道之以德，齊之以禮，有恥且格。」⑬（〈為政〉）

孔子說：「用政治的道理來教導百姓，用刑罰來齊一他們，這樣，百姓可以苟免刑罰而沒有羞愧之心。用德化來教導百姓，用禮教來齊一他們，這樣，百姓不但有羞恥心而且能改過向善。」

「禮之教化也微，其止邪也於未形，使人日徙善遠罪而不自知也。」（《禮記．經解》）禮的作用，在邪惡未形已止其禍，在惡念未萌已去其根，使民「不自知」而改過遷善。禮是禁於將然之前，是儒家的禮，干涉的意味較少。

孔子以為法治雖能產生嚇阻的作用，但這只是表面功夫——使人不敢為非作歹；只有禮治才能在潛移默化中使一個人根本不想為非作歹！當然，《周禮》上有「刑亂國用重典」的話；而在一些滿腦子「以法為教」（《韓非子．五蠹篇》）的法治主義者、法律萬能的信徒看來，德化禮治是不足恃的。

在外國，英人霍布斯以為人性是嫉妒、猜忌、虛榮，一切以利己為出發點：「人人相爭，混戰一團。」強有力的約束自然是不可缺的；德人康德也從人性的「根本惡」論法律的不可缺。事實上孔子並不排斥法治：「禮樂不興，則刑罰不中。」（〈子路〉）可見孔子也以禮與刑並論。

到了孟子主張「徒善不足以為政，徒法不能以自行。」（〈離婁上〉）以為禮法不能偏廢，對禮、法的看法更趨折衷。漢朝緹縈救父的故事，我們很熟悉；緹縈上書後，漢文帝曾下詔：

> 蓋聞有虞氏之時，畫衣冠、異章服以為僇（ㄌㄨˋ lù），而民不犯。何則至治也。今法有肉刑三，而姦不止，其咎安在？非乃朕德薄而教不明歟！吾甚自愧。故夫馴道不純、而愚民陷焉。《詩》曰：「愷悌君子，民之父母。」今人有過，教未施而刑加焉，或欲改行為善，而道毋由也，朕甚憐之。夫刑至斷支體、刻肌膚，終身不息，何其楚痛而不德也。豈稱為民父母之意哉！其除肉刑。⑭

文帝的詔命，完全是一位仁君的德政。重典不是不能用，但那是在國家特別亂的時候，不得已的下策，而且也不是長久之計。因為法治天下的理論基礎，在利用人的畏懼心理，如果人不怕呢?!那麼法就不能發揮治的功能了。而處罰太重太頻，久了，人也就疲了：「民不畏死，奈何以死懼之！」（〈老子〉）法雖然可以較快速、有效的帶來治平（尤其是在亂世）就如我們現在所處的非常環境。但是法律不是萬能，德化、效果雖慢，效果卻是根深柢固的；一個國家要維持長久的治平，除了法的審慎運用外，禮治德化是必須一步步推行的。

子曰：「聽訟，吾猶人也。必也，使無訟乎！」（〈顏淵〉）

孔子說：「審理訟案，我也和別人一樣。要說我和別人有什麼不一樣的，那就是，我想使世間沒有訟事！」

孟氏使陽膚為士師，問於曾子。曾子曰：「上失其道，民散久矣。如得其情，則哀矜而勿喜。」⑮（〈子張〉）

孟氏任命陽膚做法官，陽膚向曾子請教。曾子說：「國家政治不上軌道，老百姓心裡早已沒有法紀的觀念了。你如果查出案子的實情，不要因為查出罪人就沾沾自喜，你應該要憐憫那個罪人。」

一個政治家應該以仁心、以善意為出發點，不能把老百姓都當賊防，把周圍的人都當假想敵。一個人做人的「存心」最要注意；而一個政治家要管理眾人的事，他的舉止影響深廣，所以尤其要重「存心」！

孔子說：「使無訟」，曾子說：「哀矜而勿喜」，他們的宅心多麼仁厚！態度多麼磊落！我們讀文帝的詔命，感受的也就是這些。孔子說「道之以政」的話，不過是說禮治優於法治，不過是為「政者，正也」做註腳。禮治的效果較長久，這是禮治優於法治的理由，但是禮治做起來較難、也較費時；法治的效果快，但其威力卻有時而窮，禮治和法治能調和運用，才是孔子所希望的。看來世間極少十全十美的東西！香花差不多都是素白的，而色彩豔麗的花多半不香；只有玫瑰又美豔又香甜、堪稱色、香、味俱全，偏又多刺！

子路曰：「衛君待子而為政，子將奚先？」

子曰：「必也正名乎！」

子路曰：「有是哉，子之迂也！奚其正？」

子曰：「野哉由也！君子於其所不知，蓋闕如也。名不正則言不順，言不順則事不成，事不成則禮樂不興，禮樂不興則刑罰不中，刑罰不中則民無所措手足。故君子名之必可言也，言之必可行也。君子於其言，無所苟而已矣。」⑯（〈子路〉）

子路說：「衛國國君等老師去替他處理政事，老師打算先做什麼？」

孔子說：「那我一定先要糾正一切不當的名義。」

子路說：「有這等事，老師真迂闊呀！這有什麼可正的！」

孔子說：「仲由真鄙俗！一個君子對他不知道的事，是不亂說的。名義不正那麼言詞上就不能順理成章，言詞上不能順理成章那麼事情就做不成，事情做不成那麼文教就不能推行，文教不能推行那麼法律不能得當，法律不能得當那麼老百姓就不知怎麼做才好。所以君子人用了一個名詞，一定能言之成理，說出一句話，一定是能行得通的。一個君子對他的話，要做到不隨便的地步才算。」

這是孔子的正名主義。「君君、臣臣、父父、子子」（〈顏淵〉）這就是「政」；政的道理，只是一個「正」字。一個國君「居上不寬，為禮不敬，臨喪不哀」⑰；一個臣子事君不能「敬其事而後其食」⑱，君沒有君之實、臣沒有臣的樣：「君不君、臣不臣」，名實不能相符，言行不能相當，政治一片混亂，結果是雖有粟，不得食！父不慈、子不孝，父沒有父之實、子沒有子的樣：「父不父、子不子」，名實不能相符、言行不能相當，家庭罩上陰影，結果是父子相怨、兄弟鬩牆！

孔子的正名，實有寓褒貶、別善惡的意義。荀子以為正名在「道行而志通」（〈正名〉）使人志意相喻而達到治之極，以成就治道，這是儒家傳統的正名說。

子適衛，冉有僕。

子曰：「庶矣哉！」

冉有曰：「既庶矣，又何加焉？」

曰：「富之！」

曰：「既富矣，又何加焉？」

曰：「教之！」[19]（〈子路〉）

孔子到衛國，冉有替孔子趕車。

孔子說：「人民不少呀！」

冉有說：「人民已經很多了，次一步應該怎麼辦呢？」

孔子說：「使他們富足！」

冉有說：「人民富足了，再下一步又該怎麼辦呢？」

孔子說：「教育他們。」

哀公問於有若曰：「年饑，用不足，如之何？」

有若對曰：「盍徹乎！」

曰：「二，吾猶不足；如之何其徹也！」

對曰：「百姓足，君孰與不足！百姓不足，君孰與足！」⑳（〈顏淵〉）

哀公問有若道：「年成不好，國家財用不夠，該怎麼辦？」

有若回答說：「何不行徹法！」

哀公說：「十分取二，我還不夠；怎麼還能行徹法呢！」

有若答道：「百姓如果富足了，君上怎麼會不足！百姓如果不足，君上怎麼會足！」

「子適衛」章雖是一段簡單的問答，但卻很有意義。儒家先富後教的治國政策，最早見於這一段談話裡。政治上有一個重要的道理：藏富於民。荀子就說：「下貧則上貧，下富則上富。」（〈富國〉）一個辦政治的人，如果與民爭利，多事搜刮聚斂，必至民貧國亂的地步！那麼孔子要聲討冉求的道理㉑，我們就可明白了。後來的儒者，像孟子、荀子對於先富後教的治國的道理，都大加發揚。《孟子．梁惠王上》：

無恆產而有恆心者，惟士為能。若民，則無恆產，因無恆心，苟無恆心，放辟邪侈，無不為已。……是故明君制民之產，必使仰足以事父母、俯足以畜妻子。樂歲終身飽、凶年免於死亡，然後驅而之善。

士是指讀書人，讀書人知義理，即使窮，還能固窮守貧；至於一般百姓，如果家無恆產，不知義理，可能因窮斯濫，什麼都做得出來。我們說飢寒起盜心，就是這個道理。所以一個明白道理的國君，一定滿足人民維持基本生活的要求，然後再讓他們學好。

如果百姓在衣食不周、三餐不繼的情形下，卻要他們學好，老百姓是聽不進去的。畢竟，怎麼樣活下去？才是人生最大的問題！如果不管百姓死活，而高唱教育論調，那是不切實際的做法。所以荀子也說：

不富無以養民情，不教無以理民性。故家五畝宅、百畝田，務其業而勿奪其時，所以富之也。立大學、設庠序、修六禮、明十教，所以道之也。詩曰：飲之，食之；教之，誨之，王事具矣。（〈大略〉）

有一點我們必須特別弄明白：孟荀所說的「富」，都是以維持百姓基本生活為說的。古代由於自然資源和人力資源沒有充分開發，所以可資利用的物資就少。《孟子》書中說「五十者可以衣帛」、「七十者可以食肉」，吃肉是大事！這真實地反映出那時人民的生活水準。豐年樂歲還可維持，一到凶年饑歲，就野有飢民、壑有餓莩。孟荀都是希望政府發揮力量，保民愛民，使百姓不致因自然的災害而維生困難甚至喪命！

如今在臺灣，物資充裕，人們生活富足，只要勤勞，是不會遭到忍飢受凍的際遇的，更不會餓死人、凍死人。照理說，應該人人知理義，但是社會上為什麼搶案、偷案、經濟犯罪案，層出不窮？這些人是沒飯吃嗎？這些人差不多都是出汽車、入洋房，美食華服的闊人呀！所以我們現在的問題不在富之，而在教之！學校、家庭、社會，都應該負起教育的責任。我們平常說：比上不足，比下有餘。

是的，如果在物質享受上，我們都能以這種態度處理，那麼人人知足、社會常樂。如果一個人看見滿街「跑天下」，就想到：只有我跑路！看見大綑鈔票，想的是就沒一張是我的！那麼盜心一生，天下就大亂了！在我們現在這個社會中，人們追求的已經離開基本的生活問題，而覓求更高的生活品質，如果不能發揮教育的力量，則笑貧不笑娼者有之！持「拿到手就是我的」的想法者有之！這種作為的人，自不能以孔、孟、荀的話為護身符。

子貢問政。

子曰：「足食；足兵；民信之矣。」

子貢曰：「必不得已而去，於斯三者何先？」

曰：「去兵。」

子貢曰：「必不得已而去，於斯二者何先？」

曰：「去食。自古皆有死，民無信不立！」[22]（〈顏淵〉）

子貢問政治要特別注意的事。

孔子說：「糧食充足；軍備充實；人民信任政府。」

子貢說：「在不得已的情況下，要在三樣中去了一樣，哪一樣可以先去了？」

孔子說：「去了軍備。」

子貢說：「在不得已的情況下，要在兩樣中去了一樣，哪一樣可以先去了？」

孔子說：「去了糧食。從古以來，人都有一死，人民如果不信任政府，那麼人民對政府必沒有貞固的志操、追隨的決心！」

「民以食為天」！足食當然重要。孔子講仁、恕，怎麼還提倡足兵、強調武力？荀子的

〈議兵篇〉對這個問題講得最好：

「仁者、愛人，義者、循理，然則又何以兵為？」孫卿子曰：「非女所知也。彼仁者愛人，愛人，故惡人之害之也。義者循理，循理，故惡人之亂之也。彼兵者，所以禁暴除害也，非爭奪也。」㉓

「議兵」並不是提倡暴力，以廣土眾民、殺伐爭戰為事，而是禁暴除害。我們深覺：對付暴力只有以力止暴，消弭戰爭只有以戰止戰。中國的武字最有意思：止戈會意成「武」，阻止戰爭、消滅暴力，才是「武」！有人說：我愛和平，所以反對戰爭；我愛人類，所以不做軍人！這是一種似是而非的論調！

試想人人逃避戰爭、拒絕殺生；那麼暴力必更囂張、戰爭必更頻繁，死傷必更慘重。越南戰爭就是殷鑑：對敵人仁慈，就是對自己殘忍！我們要說，軍備是國防的長城，足兵當然重要。螞蟻可以吞下巨蟒，而蟒只有顫抖！群眾是可怕的！辦政治的第一要務，就是立信於民，使人民對政府有信心。

在《史記．商君列傳》裡，有一個非常有意義的故事：話說秦孝公接受了商鞅的建議，實行變法。這是一種大革新、大變動，為了慎重，雖然一切都準備周全了，但新法一時還沒公布。商鞅唯恐百姓不信邪，對新法掉以輕心、不當回事；於是在國都南門邊，豎了一棵三丈木，當眾宣布：誰能移到北門的，給十金㉔！百姓覺得事情怪怪的，沒人有興趣。又宣布了：能移的給五十金！有一個人壯著膽子移了——重賞之下就有勇夫！就給了五十金！以表明政府說話算數，這才下達了新法。結果，商君推行新法得到了很大的成功。

哀公問曰：「何為則民服？」

孔子對曰：「舉直錯諸枉，則民服；舉枉錯諸直，則民不服。」㉕（〈為政〉）

哀公問道：「怎麼樣做人民才會服？」

孔子回答說：「把正直的人舉出來加在邪陋的人的上面，人民就服了；把邪陋的人舉起來加在正直的人的上面，人民就不服了。」

子路問政。

子曰：「先之；勞之。」請益。

曰：「無倦。」㉖（〈子路〉）

子路問為政的方法。

孔子說：「你要身先百姓，為民表率；你要為民服務，不避辛勞。」子路請孔子再告訴他一些。

孔子說：「只要不懈怠就行了。」

子張問政。

子曰：「居之無倦，行之以忠。」㉗（〈顏淵〉）

子張問政治的道理。

孔子說：「居官不可懈怠，行事必須忠誠。」

子曰：「道千乘之國，敬事而信；節用而愛人，使民以時。」㉘（〈學而〉）

孔子說：「治理一個千乘之國，對事要謹慎不苟且並且對人民有信用；節省用度並且盡力愛護百姓，用人民出力要選最合適的時候。」

季康子問：「使民敬、忠以勸，如之何？」

子曰：「臨之以莊，則敬；孝慈，則忠；舉善而教不能，則勸。」㉙（〈為政〉）

季康子問道：「怎麼樣才能使人民誠敬、效忠並且奮勉向上？」

孔子說：「在上位的人要嚴肅的面對人民，那麼人民就誠敬；在上位的人能夠孝親慈幼，人民就會效忠；在上位的人能夠舉用好人而教導才質差一點的人，人民就會奮勉向上。」

政治是處理眾人的事務；眾人的事務多端，所以政治是複雜的。一個辦政治的人自然必須多方面的修養，才能應付龐雜的事務。上面我們說：為政首要取信於民。怎麼樣取信於民？為政自然要用人，在用人上能處理得當，就能取信於民。中國的政治思想家，像孔子、荀子、韓非子都很講究用人。儒家的理想是聖主賢臣！什麼樣的主算聖主？

子曰：「禹，吾無閒然矣！菲飲食而致孝乎鬼神；惡衣服而致美乎黻（ㄈㄨˊ fú）冕；卑宮室而盡力乎溝洫。禹，吾無閒然矣！」㉚（〈泰伯〉）

孔子說：一句話就能使一個國家滅亡。那句話就是：一個做國君的認為，為君的最大樂子，就是：沒人敢違背我的話！人主如果利用自己眾人之上的地位，隨心所欲，那麼國家必壞。一句話可以興邦，如果懂得：為君難；那麼人主雖位處極尊，卻能克制私欲，就可以興邦安國。㉛禹的了不起處，就在於他能克己，能節用愛民。平常人要克制自己的私欲都不容易，何況是一位想怎麼樣就能怎麼樣的國君！

子謂子產：「有君子之道四焉：其行己也恭；其事上也敬；其養民也惠；其使民也義。」（〈公治長〉）

子產是鄭國的大夫公孫僑，他是孔子所敬重的人。我們看孔子批評使晉文公霸於天下的管仲：「焉得儉？」、「管仲而知禮，孰不知禮。」（〈八佾〉）亦有微詞；但對子產卻稱譽有加，子產死了，孔子聽了，流著淚說：「古之遺愛也。」子產自可當得賢臣。他自己立身謙恭，事君敬謹，養民以惠愛，使民合乎義。他是君、民間的橋樑，上達、下行，居之無倦，行之以忠。

「一人有慶，兆民賴之。」這句話可以充分說明孔子的政治思想。政治是福利萬民的事業，不是作威作福的工具。兆民所賴的是：一人有慶！是聖主、是賢臣！所以孔子的政治思想重點在「人」。好人自然能把事做好；事情做好了，人民自然受惠。孔子再三講「善人為邦」（〈子路〉），就是這種思想的外現。孔子提倡教育是為了培養「君子」以愛民（〈陽貨〉）；表彰堯舜，是以古聖王為儀範，以達風從響應之效。但是「人心惟危」㉜，何日見「天下太平」？

【註釋】

①為政，意同「搞政治」。

德，指教化；對刑罰、威力而言。

朱注：「共（ㄍㄨㄥˇ），音拱，亦作「拱」。北辰，北極；天之樞也。居其所，不動也。為政以德，則無為而天下歸之，其象如此。」

②子曰：「無為而治者，其舜也與！夫何為哉？恭己，正南面而已矣！」（〈衛靈公篇〉）「恭己、正南面」，就是「為政以德」的意思。古代的君王坐北朝南，所以說正南面。南面，就是面南、向南、朝南。

③子曰：「大哉堯之為君也！唯天為大，唯堯則之！蕩蕩乎，民無能名焉！巍巍乎，其有成功也；煥乎，其有文章！」（〈泰伯篇〉）

「唯天為大」上，各本有「巍巍乎」三字，今依《孟子》所引刪。

朱注：「煥，光明之貌。文章，禮樂法度也。」這裡的文章意同「文化」。

④葉公問政。

子曰：「近者說；遠者來。」（〈子路篇〉）

說，音義同「悅」。

⑤孔子用「政」的讀音「正」來解釋「政」，這種方法叫「聲訓」。

朱注引范氏曰：「未有己不正而能正人者。」

⑥季康子問政於孔子曰：「如殺無道以就有道，何如？」

孔子對曰：「子為政，焉用殺！子欲善而民善矣！君子之德，風；小人之德，草。草上之風，必偃！」（〈顏淵篇〉）

朱注：「為政者，民所視效。何以殺為！欲善則民善矣。」

上，一作「尚」；加也。

偃，仆也。

⑦子曰：「其身正，不令而行；其身不正，雖令不從。」（〈子路篇〉）

⑧季康子患盜，問於孔子。孔子對曰：「苟子之不欲，雖賞之不竊。」（〈顏淵篇〉）

《說苑·貴德篇》：「上之變下，猶風之靡草也。民之竊盜，正由上之多欲，故夫子以『不欲』

勖康子也。」

⑨ 囿，是古代皇帝打獵、遊賞的地方，裡面養殖了牛馬林木。漢時稱囿為苑，有上林苑。

御，指御用之物，是皇帝所用的東西。

露臺，是古時候觀察天文氣象的高臺。《詩經．大雅．靈臺篇》是記載周文王時築臺的情形。

霸陵，陵名。（陵是天子冢的名。）本是霸上地（今陝西長安縣東，地居霸水之上，故名。），漢文帝築陵葬此，因此稱「霸陵」。

古代人對營葬看得很重。我們看《史記．秦始皇本紀》所載始皇營墓的情形，始皇葬在酈山。他初就位，就開始穿治酈山，等併合了天下，居然徵召了天下七十多萬人，挖了好深好深，水都湧出了，又用銅塞住。那墳裡是宮室城樓、百官奇器，應有盡有。為了防盜墳，工匠設計了機關，只要挖墳接近就會有箭彈（ㄊㄢˊ tán）射出來。用水銀為百川江河大海、上具天下、下具地理。用人魚膏為燭，那是長明不滅的燈！

始皇死後，他的兒子二世說：「先帝後宮，無子的，將來放出宮也不相宜，都叫他們殉葬吧！」死的很多！後來又想設計墳內機關的工匠，什麼都清楚，唯恐祕密外洩，把他們都禁閉其中。

墳，《禮記．檀弓》：「古也墓而不墳。」注：「土之高者曰墳。」始皇墳高五十餘丈！漢文帝不治墳，可見其儉！

⑩子曰：「苟正其身矣，於從政乎何有！不能正其身，如正人何！」（〈子路篇〉）

⑪儀，指儀容。景，音義同「影」。槃，盤也。盂，盛飲食的器皿。見〈君道篇〉。

⑫「請問為國。曰：聞修身，未嘗聞為國也。」（〈君道篇〉）

⑬朱注：「道，猶引導；謂先之也。政，謂法制禁令也。齊，所以一之也；道之而不從者，有刑以一之也。免而無恥，謂苟免刑罰而無羞愧；蓋雖不敢為惡，而為惡之心未嘗忘也。禮，謂制度品節也。格，至也。言躬行以率之，則民固有觀感而興起矣；而其淺深厚薄之不一者，又有禮以一之，則民恥於不善而又有以至於善也。一說：格，正也。《書》曰：格其非心。」

案：格訓「正」似較妥。

⑭蓋，是不定的詞，相當現在的「大概」、「好像」。

畫衣冠、異章服以為僇：僇（ㄌㄨˋ），通「辱」。大舜時，人民犯了罪，只是給他穿上特別的衣服，以為象徵性的刑罰。

肉刑三：墨刑（刺字在臉上）、劓（音ㄧˋ yì，割鼻）、剕（音ㄈㄟˋ fei，斷足）

姦，為奸者、為非做歹的人。

咎，過也。安，何也。「其咎安在」，是說「毛病在哪裡？」

朕，古代皇帝自稱。馴，《漢書．刑法志》作「訓」。

「詩曰」見大雅〈泂酌〉。顏師古曰：「言君子有和樂簡易之德，則其下尊之如父、親之如母也。」

「道毋由」的「毋」通「無」。

息，生也。終身不息，是說一生一世也不會再生、不會恢復。

⑮包曰：「陽膚，曾子弟子。士師，典獄之官。」

「問於曾子」是「陽膚問於曾子」。

馬曰：「民之離散，為輕漂犯法，乃上之所為，非民之過；當哀矜之，勿自喜能得其情。」

⑯正，馬曰：「正百事之名。」

蓋闕，雙聲連語，《漢書．儒林傳》：「疑者丘蓋不言。」不言所不知為「丘蓋」；「蓋闕」，義同「丘蓋」。蓋闕如，是闕疑的樣子。

⑰子曰：「居上不寬，為禮不敬，臨喪不哀，吾何以觀之哉！」（〈八佾篇〉）

鄭曰：「居上不寬，則下無所容；禮主於敬，喪主於哀也。」

⑱見〈衛靈公篇〉。《周禮．天官冢宰．醫師》注：「食，祿也。」

《禮記．儒行》：「先勞而後祿。」

⑲朱注：「庶，眾也。」

⑳《爾雅》：「穀不熟為饑。」

盍，何不。

徹，十分取一的稅法。二，十分取二。

㉑「季氏富於周公，而求也為之聚斂而附益之。」子曰：「非吾徒也！小子鳴鼓而攻之可也。」（〈先進篇〉）「季氏富於周公」以下十七字當亦是孔子的話，記孔子談話的人把它放在「子曰」前以為事由。如果這十七字不是孔子的話，而是記《論語》的人的話，就不當稱名「求也」而當稱字「冉有」才對！

㉒鄭曰：「小子，門人也。鳴鼓，聲其罪以責之。」

兵，本義是兵器，引申為指用兵器的人；這裡的「兵」指一切軍備言。「民信之矣」的「矣」，是衍文（多餘的字）。孔子舉出為政該注意的事是三樣：足食；足兵；民，信之。所以子貢說：「於斯三者何先？」如果有這個「矣」字，那麼，孔子的話成了：足食，足兵：那麼人民就信任了。足食，足兵的結果是「民信之」；則孔子所舉不過二事，子貢怎麼說「於斯三者」？顯然這個「矣」字是多的。不過，傳世的《論語》在這個地方都有「矣」字，所以我們在經文上也只好保留，譯文則不譯出。立，似有安定的意義。（參毛子水先生《論語今註今譯》）

㉓孫卿子，即荀子，荀子名況，字卿。古代典籍裡，荀子有作孫字而稱之為孫卿的。荀字之所以作孫，有人以為是避漢宣帝（宣帝名詢）的諱而為後人所改；也有人以為孫荀二字古音相同，

本可通用。

女，通「汝」。

㉔秦以一鎰為一金；漢以一斤為一金。二十兩（另一說為二十四兩）為一鎰。

㉕舉，舉用。

直，本是正直的意思，這裡是指正直的人。

錯，意同「措」，安置的意思。

枉，本是邪曲的意思，這裡指邪曲的人。

㉖朱注：「蘇氏曰：『凡民之行，以身先之，則不令而行；凡民之事，以身勞之，則雖勤無怨。』

「無倦」的「無」音義同「毋」。

㉗朱注：「居，謂存諸心。無倦，則始終如一。行，謂發於事。以忠，則表裡如一。」

㉘道，音義同「導」。

古代兵車一乘（輛）；戎馬四匹，甲士三人，步卒七十二人，衣炊樵汲廄養共二十五人；所以一輛兵車，就有一百人。千乘之國是指可以出一千輛兵車，有十萬兵力的國家。

使民以時，以，依也。

㉙使民敬忠以勸的「以」，而也。勸，是勸勉的意思。

㉚《孟子．離婁上》：「政不足閒也。」趙注：訓閒為「非」；是「非議」、「批評」的意思。

《經傳釋詞》：「然，猶『焉』。」「吾無間然矣」是「我對他沒有什麼批評的了！」
菲，薄也。
黻（ㄈㄨˊ）冕，祭祀時的禮服禮帽。
溝洫，田間水道。

㉛ 見〈子路篇〉。

㉜ 語見《尚書·大禹謨》。孔傳：「危則難安。」

各言其志——較輕鬆的一面

顏淵、季路侍：子曰：「盍各言爾志！」

子路曰：「願車、馬、衣、裘，與朋友共，敝之而無憾！」

顏淵曰：「願無伐善，無施勞！」

子路曰：「願聞子之志。」

子曰：「老者安之！朋友信之！少者懷之！」

——《論語・公冶長》

各言其志——較輕鬆的一面

顏淵、季路侍。

子曰：「盍各言爾志！」

子路曰：「願車、馬、衣、裘，與朋友共，敝之而無憾！」

顏淵曰：「願無伐善，無施勞！」

子路曰：「願聞子之志。」

子曰：「老者安之！朋友信之！少者懷之！」①（〈公冶長〉）

顏淵和子路陪侍在孔子的旁邊。

孔子說：「你們何不各人說說自己的志願！」

子路說：「我願意把我的車、馬、衣、裘和朋友共同享用；就是用壞了，我也不怨恨。」

顏淵說：「我希望能不矜誇自己的好處，不把煩難的事推到別人身上。」

子路說：「我希望聽聽老師的意思。」

孔子說：「我要使老年人覺得安舒；使朋友對我信賴；使少年人對我懷念。」

我們覺得《論語》是中國古代最早而寫作技巧頗成熟的散文作品，裡面除了極少數資質不高的弟子的記載外，其他都能以最省簡的篇幅作最豐富的記述。以本章來說：開頭的簡潔敘述，把讀者引入一種單純、和祥的氣氛中。空氣迴蕩著沈寂，孔子說話了：「盍各言爾志！」子路馬上不假思索地回答了。顏淵也說了；子路卻要老師也說說看——顏淵就不會這麼做！這一問子路的勇氣全躍然紙上！

子路所願是一個義氣十足的角色，大有李白〈將進酒〉中「五花馬、千金裘，呼兒將出換美酒」的慷慨。顏淵願「無伐善」，我們想顏淵所以德行好，這恐怕是個主要的原因。「滿招損，謙受益。」由於態度上的謙遜，自然易引起別人的好感，而較有機會得到別人有益的指導。因此無論德行，識見都會漸漸改善，所以說「謙受益」。顏淵願「無施勞」，就是「己所不欲，勿施於人」的一端，這是恕的行為、仁的表現！

子路、顏淵的志願，都不是常人能及的。但是，比之孔子，卻顯得渺小了。因為孔子的願望是使普天下的人都能「各得其所」，也就是〈禮運大同篇〉所描繪的「老有所終，壯有所用，幼有所長，矜寡孤獨廢疾者皆有所養」的天下一家、世界大同的太平景象。

子路、曾皙、冉有、公西華侍坐。

子曰：「以吾一日長乎爾，毋吾以也！居則曰『不吾知也』，如或知爾，則何以哉？」②

子路率爾而對曰：「千乘之國，攝乎大國之間，加之以師旅，因之以饑饉，由也為之，比及三年，可使有勇，且知方也。」夫子哂之。③

「求，爾何如？」

對曰：「方六七十，如五六十，求也為之，比及三年，可使足民。如其禮樂，以俟君子。」④

「赤，爾何如？」

對曰：「非曰能之，願學焉。宗廟之事，如會同，端章甫，願為小相焉！」⑤

「點，爾何如？」

鼓瑟希，鏗爾，舍瑟而作，對曰：「異乎三子者之撰。」

子曰：「何傷乎？亦各言其志也。」

曰：「暮春者，春服既成，冠者五六人，童子六七人，浴乎沂，風乎舞雩（ㄩˊ yú），詠而歸。」

夫子喟然歎曰：「吾與點也！」⑥三子者出，曾皙後。

曾皙曰：「夫三子者之言何如？」

子曰：「亦各言其志也已矣！」

曰：「夫子何哂由也？」

曰：「為國以禮，其言不讓，是故哂之。」

「惟求則非邦也與？」

「安見方六七十如五六十而非邦也者？」

「唯赤則非邦也與？」

「宗廟會同，非諸侯而何？赤也為之小，孰能為之大！」⑦（〈先進〉）

子路、曾皙、冉有、公西華，陪孔子坐著。

孔子說：「你們可能因為我年長一點而不敢說話，不要這樣！你們平常老說『沒人知道我』；如果有人知道你們，你們要怎麼做？」

子路馬上回答說：「一個千輛兵車的國家，夾在大國中間，有強敵壓境，又是連年饑荒，讓我來治理，到了三年，就能使百姓勇敢作戰，並且知禮懂法。」孔子笑了笑。

「求，你怎麼樣？」

冉有回答說：「六七十里見方或五六十里見方的國家，讓我來治理，到了三年，就能使百姓富足。至於推行禮樂的事情，只有等待有德行的君子了。」

「赤，你怎麼樣？」

公西華回答說：「我不敢說我能做什麼，我只是很希望學習。友邦朝聘和諸侯盟會，我希望穿著禮服、戴著禮帽，作一個小小的擯相！」

「點，你怎麼樣？」

曾皙有一聲沒一聲的彈著瑟（聽了孔子問他），他鏗地一聲放下瑟，站起來答道：「我不像他們三位那麼有作為！」

孔子說：「那又有什麼關係呢！這不過是各說各的心願罷了！」

曾皙說：「晚春時節，（脫下舊冬衣，）換上單袷衣，和五六個青年、六七個少年，渡過沂水，在雩壇上放聲高歌，然後一路唱著回來。」

孔子歎道：「我倒欣賞點呀！」

子路、冉有、公西華三個人都出去了，曾皙落在後面。

曾皙說：「他們三位的話怎麼樣？」

孔子說：「這不過是各說各的志向罷了！」

曾皙說：「老師為什麼笑仲由呢？」

孔子說：「治國應該用禮，他說話的態度不謙讓，所以笑他。」

「那求就不是講到治國嗎？」

「難道六七十里見方或五六十里見方，還不算是一個國家嗎？」

「那赤就不是講到治國嗎？」

「朝聘和盟會，不是諸侯的事情卻是什麼？如果赤只能當個『小相』，那誰能當得了『大相』呢！」

這是《論語》裡最長、最美的一章文字。因為「夫子何哂由也」句用「夫子」一詞，因此清朝的崔述認為這章可疑⑧，崔述的懷疑自有他的道理。但是既有〈公冶長〉裡小規模的「言志」，則在孔子生前就不一定沒有像本章這種較大規模的座談會！要說文字經後人修飾、潤色，那是難免的。事實上，現在《論語》的本子，可能大部分都是戰國時才寫定的；既經戰國時人的手，則偶然出現弟子當面稱孔子為「夫子」的地方，亦不足怪！

場上人物：五；配樂：稀疏的瑟音。鏡頭緩緩推向孔子，孔子說話了。子路急切地答了。孔子笑了笑。然後冉有、公西華說。「點，爾何如？」背景音樂漸大，鏡頭對準鼓瑟的曾皙。「鏗！」瑟聲停了。四周死寂。對話又開始了……熬過了寒冷的冬，大地又恢復了生氣；人們抖落了瑟縮，投向大自然的懷抱，春服多麼輕快、春風多麼溫柔，青年、少年，屬於春的一群，登上那高高的祈雨壇，拉開嗓門放聲高歌，一路唱著回來！難怪孔子欣賞，我們也心嚮往之了。這章文字，顯然經過刻意的經營：急躁的子路、慢條斯理的曾皙，強烈的性格衝突增加了文字的可讀性，製造了特別引人興味的氣氛。曾皙冷眼看眾生，而瑟音流露著無奈……

過而不改——是謂過矣

春秋時的晉靈公很沒國君的樣子：他厚斂民財卻用來裝飾宮殿廊閣；他從高臺上用弓

彈打人，看人避彈丸為樂（真不像話！）；宰夫（廚子）煮熊掌不酥爛，就殺了放在草筐裡，讓女人用車推著經過朝上，讓大家看，叫大家害怕！

趙盾、士會等人見到露在外邊的手，問了原委，他們憂慮極了，決心要好好地勸勸國君。他們準備輪番上陣，由士會先去。國君一看見士會，就知他的來意，立刻說：「我的過失我知道了，我將會改的。」這急急先說，並不是認過，只是不讓士會開口絮聒，這招使的是：以認過為護過。意思就是：人家認都認了，還能說嗎？士會無奈，明知他不會改，也只好叮嚀一番：「人誰無過，過而能改，善莫大焉！」⑨可不是嘛！人誰無過？聖人也會犯過⑩！

子曰：「人之過也，各於其黨。觀過，斯知仁矣！」⑪（〈里仁〉）

孔子說：「人的過失，和他的品性有關。我們觀察一個人所犯的過失，就知道這個人是不是仁了！」

古時，鄭國有一位太太到市場買了鼈回來，過潁水時，她認為鼈可能渴了，放牠喝水，就這樣丟了她的鼈。⑫如果有人責備她，那就是責備她的心太好了！

秦末，各路英雄並起，司馬欣率秦兵戰，不勝，降項羽。項羽認為秦軍心不穩，恐怕壞事，就在新安城南連夜坑殺了秦降兵二十餘萬人！⑬缺德呀！居然殺已經投降的人，而且一口氣解決了二十多萬人：集體謀殺嘛！我們現在常聽見長輩嘆：今不如古！孔子也有這種感嘆：

「古者民有三疾，今也或是之亡也！古之狂也肆，今之狂也蕩。古之矜也廉，今之矜也忿戾。古之愚也直，今之愚也詐而已矣！」⑭（〈陽貨〉）

狂、矜、愚自然是人的毛病，但是古代犯這些毛病的人還是有可取之處：狂人肆志進取，自矜持的人廉潔自守，愚鈍的人本質樸實。孔子時，有這些毛病的人卻一無可取：狂妄的人放蕩而沒有拘檢，矜持的人乖戾多怒，愚鈍的人就只有詐偽。真是世風日下，人心不古！

子曰：「過而不改，是謂過矣！」⑮（〈衛靈公〉）

孔子說：「如果犯了過失不改，那就真是過失了！」

子夏曰：「小人之過也必文。」⑯（〈子張〉）

子夏說：「小人犯過失，一定想法掩飾。」

子貢曰：「君子之過也，如日月之食焉：過也，人皆見之；更也，人皆仰之。」⑰（〈子張〉）

子貢說：「君子的過失，就像日蝕、月蝕一樣：他有缺陷、過失，大家都看得見；他一改過，大家仍舊仰望他。」

我們覺得：人既然不免於犯過失，那麼我們從一個人對自己所犯過失的態度，也可以判定一個人的品德。有一等人總是說：「我沒有錯！」——理直氣壯的。事實上，這句「我沒有錯」，就錯了！一個人不虛心檢討，率而說自己沒錯，這種態度就要不得。既沒錯，當然無所謂改過；要不就多方掩飾——這文過最費事。經常弄得欲蓋彌彰。而為了掩飾一個過失，又得犯許多過失！多累呀！文過就沒有改過的心，所以小人終為小人。

另有一等人，知道錯了，也想痛改前非，但是毅力不夠、心有餘力不足，不久，又故態復萌。也許有同學常遲到吧？自己也明知不是個好習慣，老師也責備，而每次都信誓旦旦：我要早起，我不遲到。過沒幾天，媽媽叫了，好，被窩再躺五分鐘嘛！好累！再躺三分鐘！再……

孔子誇顏回「不貳過」，這不貳過需要相當的自制和毅力才能做到的。還有一等人，不會掩飾自己的過失，所以大家都能看見他的過失。不過：「過而改之，是不過也！」⑱既已改過遷善，大家也都能看見。「過而能改，善莫大焉！」這就是君子之所以為君子。

戰國時翩翩四公子中，魏公子信陵君是太史公胸中得意人物。太史公寫孟嘗君、平原君、春申君列傳都稱某某君，獨〈信陵君列傳〉一篇中稱「公子」有一百四十次之多，可見太史公對信陵君的尊崇。信陵的禮賢下士固然令人讚賞；但是，他還有一種常人不容易達到的德行：改過遷善！我們知道，中國在戰國是七雄割據的時代，到了戰國末年，秦的勢力占了優勢。秦兵圍攻趙國，趙國十分危急，向魏國求救兵——趙公子平原君的夫人是公子的姐姐！魏君受了秦的威嚇，下令已經動身的救兵留止，以便看事情發展再做道理。

趙國吃不消秦的大軍壓境，猛派使者到魏求救，公子在不得已之下，偷了魏王的兵符，奪了軍隊救了趙。事後公子就不敢回魏，留在趙國，十年不歸。趙王感激公子，對公子禮敬有加，公子也就不免沾沾自喜，以為做得漂亮。

有人對公子說：「事情有不可忘的，也有不可不忘的！別人有恩於公子，公子不可忘；公子有恩於人，希望公子忘了！況且偷兵符奪軍隊救趙，對趙有功，對魏就不能算是忠臣。公子竟然自我驕矜以為是做了一件漂亮的事，我私下真不贊成公子這種態度。」公子立刻自責，好像羞愧得無地自容似地。

後來，秦出兵伐魏，魏王急了，派人請公子，公子下令：有人敢替魏王使者通報的：死罪。有毛公、薛公兩位隱者來了，說：「公子在趙被看重，而名聞諸侯，原因是有魏國在。現在秦攻魏，魏國那麼危急而公子卻不體念。如果秦打下魏都而夷平了先王的宗廟，到那時，公子還有臉活嗎？」話還沒說完，公子臉色變了，要人快備車，趕路回國。毛公、薛公說得精闢，公子信陵做得可愛！可是認過要扯下臉皮，誰不愛面子！改過要有毅力，可是「靡不有初，鮮克有終」！

所以孔子也不得不感嘆：「算了吧！我還沒有見到一個知道自己的過失而能夠自責的人！」⑲

直——邦有道、如矢，邦無道、如矢

「一個人的生存，靠著正直。如果不正直而能生存著，這可以說是僥倖。」⑳怎麼樣的行為，算是正直呢？魯國有個人叫做微生高，別人跟他要一點醋，他不直說自己沒有，卻向鄰居要來給人。這微生高做人是夠殷勤的了，可是算不得「直」！㉑自己沒有，幹嘛不直說嘛！

楚國的葉公告訴孔子：「我們家鄉有個叫直躬的，他父親偷了人家的羊，而他去作證。」孔子說：「我們家鄉所謂直和這不同。父親替兒子隱瞞，兒子也替父親隱瞞，直就在這其中了。」㉒《孝經》上說：「父有爭子，則身不陷於不義。」父有過，就諫，所以可以免陷於不義，這是事先就防止事情發生。若事情已經發生就得想法彌補、收拾；挺身而出，證父之罪，就不合人情。所以孔子帶點詼諧的口氣，用平常的人情來說明「證父攘羊」不見得就是「直」！

孔子當然不是說攘羊的行為沒有錯，就因為這行為不好，所以兒子要為父親隱瞞、遮掩、補過，這是兒子對父親天性的愛的表現——比如緹縈救父就是一例！父親若在純真的愛的感召下，改過遷善，那麼「直」就在其中了。《韓詩外傳》七：「正直者，順道而行，順理而言；公平無私；不為安肆志，不為危激行。」

子曰：「直哉史魚！邦有道、如矢，邦無道、如矢。」㉓（〈衛靈公〉）

一個人在任何情況下都順道而行，順理而言，堅守自己做人的原則，這就是直！古代齊梁時明山賓家中曾經有一度相當窮困，要賣拉車的牛，已經賣了，接了錢，明山賓竟對買主說：「這牛曾患漏蹄，治好已經很久了，恐怕以後再犯，不能不相告。」買主一聽，立刻把錢要回去，不買了。寧願牛賣不出去，也要實話實說，這就是直！

當然，耿直討人嫌！我們看東漢范滂因直受謗，身遭「黨禍」，三十三歲就被殺。讀《後漢書．范滂傳》我們真不能不掩卷歎息。不過正直就像酒，越陳越芳烈，越久越為人所知！古代人樂羊為魏將，攻打中山，當時樂羊之子在中山。中山君烹了樂羊之子而送來了肉湯。樂羊坐在帳幕下吸啜肉湯，吃完了一杯。——不合情理！魏文侯對堵師贊說：「樂羊為我而吃他兒子的肉。」堵師贊說：「他連兒子都吃，那誰不吃！」樂羊打下中山回來，文侯封賞他卻對他的居心起了疑竇。

孟孫打獵得了麑（ㄋㄧˊ ní）㉔，讓秦西巴帶回去，小鹿的媽媽跟著啼哭，秦西巴不忍就放了小鹿。孟孫回來問：「小鹿哪裡去了？」秦西巴答道：「我不忍而把牠還給牠媽媽了。」孟孫很生氣，把秦西巴趕出去三個月之久。後來又召秦西巴來教他自己的孩子。孟孫的御者很不解，問道：「從前你氣他，現在召他為傅，是什麼道理？」孟孫說：「他連隻小鹿都忍不下心傷害，那他會忍下心傷害我的孩子嗎？」真是所謂「巧詐不如拙誠」㉕！

惑——既欲其生、又欲其死

在人生的道途上，我們常會遇到歧途，我們可能誤入，也可能及時回頭。如果我們能及時回頭，則必是因為我們對歧途有所認識。那麼什麼是「惑」？

子張問崇德、辨惑。

子曰：「主忠信，徙義，崇德也。愛之欲其生，惡之欲其死。既欲其生，又欲其死，是惑也！」㉖（〈顏淵〉）

子張請問增進德行、辨明疑惑的道理。

孔子說：「一切行為以忠信為主，知道什麼好的道理或事情就馬上去學、去做，這就是增進德行的方法。凡人喜歡一個人的時候，就希望他活得好，厭惡一個人的時候，就希望他死。如果有一個人喜歡一個人，卻做對這個人不利的事情，就是惑！」

樊遲從遊於舞雩之下，曰：「敢問崇德、脩慝（ㄊㄜˋ tè）、辨惑？」子曰：「善哉問！先事後得，非崇德與！攻其惡無攻人之惡，非脩慝與！一朝之忿，忘其身以及其親，非惑與！」㉗（〈顏淵〉）

樊遲跟孔子遊觀祈雨壇，說：「請問：怎樣增進德行？怎樣改正過失？怎樣辨明疑惑？」

孔子說：「這個問題很好。做事爭先，受祿落後，這不就是增進德行的方法嗎！嚴責自己不責別人，這不就是改正過失的態度嗎！因一時之忿，忘了自身而連累了親長，這不是惑是什麼！」

孔子在這兩段話裡，分別談到了惑！要想消滅一切忿怒的感情，那幾乎是不可能的事。不過我們可以記住：「生氣卻不要犯罪；不可含怒到日落！」蜜蜂在螫人的時候，連生命也賠了進去！一時的氣忿，忘了自身而累及親長，真是大惑不解了！

我們看有的年輕人，血氣方剛、好勇鬥狠。出了事，上了法庭，連累父母出庭回話，大名也上了報。不幾年前兩兄弟結夥搶劫公路班車，被判死刑，縱使老父老淚橫流也挽不回兩人生命。可恨又可憐呀！年輕人！我們生活在社會中，我們的行為總會引起反應、影響別人！縱使我們不為自己想也該為別人想。

爬山本是好活動，但是一件雨衣、一塑膠袋麵包，就三五人上奇萊，也未免大膽得過分了。不出事是幸運；出了事，父母親長著急，得出動多少人去搜救？我們不能只憑一時高興，說做就做，我們總得想想。人有個腦袋就是用來想的嘛！

「愛得要命、恨得要死」，是人之常情。可是「既欲其生、又欲其死」的情事也不少。比如：父母溺愛子女，事事縱容，這自是為了「欲其生」，結果造成子女功課不好、品性不端、身體不好的惡果，這和「欲其死」有什麼分別？父母當然希望子女「生」，而不會希望他「死」；但因為愛的法子不對，便好像同時有兩種心理似的，即所謂「既欲其生、又欲其死」，這自然是惑！這只是較常見的例子。其他如我們做事、讀書，雖然目標很大、理想很高，但是方法不對，結果往往和初衷相反，這都是惑。

交友——忠告而善道之、不可則止

友誼好比甘甜的露水，滋潤人們的心田。當我們成功、快樂的時候，我們希望朋友分享；而當我們失敗、悲傷的時候，我們更希望向朋友傾訴。春秋時鮑叔牙和管仲交情很好，一同在南陽做買賣，叔牙知道管仲能幹卻貧窮，分紅利總是多給管仲一些。

後來齊國襄公無道，鮑叔牙事公子小白、管仲事公子糾，出國避亂；襄公死後，小白先回國，就君位成為五霸之一的齊桓公。公子糾被魯國人所殺，管仲被囚；鮑叔牙推薦管仲給桓公。管仲相桓公，霸諸侯，連孔子都說：「微管仲，吾其被髮左衽矣。」㉘我們倒要說：沒有鮑叔牙就沒有管仲的一番事業，也可能沒有齊桓的霸於天下了。難怪管仲要說：「生我的是父母，知我的是鮑叔。」我們到現在還稱朋友交誼好為「管鮑之交」。真是「典型在夙昔」！古人說：「人生得一知己，死而無憾。」可見友情的可貴。

子夏之門人問交於子張。

子張曰：「子夏云何？」

對曰：「子夏曰：『可者與之，其不可者拒之。』」子張曰：「異乎吾所聞：君子尊賢而容眾，嘉善而矜不能。我之大賢與，於人何所不容！我之不賢與，人將拒我，如之何其拒人也！」㉙（〈子張〉）

子夏的門人向子張問交友的道理。

子張說：「子夏怎麼說？」

答道：「子夏說：『可以結交的就往來；那不能結交的就不要往來。』」

子張說：「我所聽到的卻不一樣：一個君子尊敬賢者而包容平常的人，嘉勉好人而哀憐無能的人。我如果是個大賢的人，對人還有什麼不能包容的！我如果是個不賢的人，人家將拒絕我，我怎麼還能拒絕人家呢！」

孔子曰：「益者三友，損者三友。友直、友諒、友多聞，益矣！友便辟、友善柔、友便佞，損矣！」㉚（〈季氏〉）

孔子說：「有三種有益的朋友，有三種有害的朋友。和正直的人交朋友、和誠信的人交朋友、和聞見廣博的人交朋友，那是有益的！和徒具儀文的人交朋友、和徒善顏色的人交朋友、和花言巧語的人交朋友，那是有害的！」

孔子也說「無友不如己者」㉛這和子夏「可者與之；其不可者拒之。」似乎都會產生子張所說的：「我之大賢與，於人何所不容！我之不賢與，人將拒我，如之何其拒人！」的現象。但是交友有友交（深交）、有泛交；子夏主張交益友，而不和有損於我們的人交往，而子張所講的，只是普通的交際。目的不同，對象自然有異。不過，我們倒覺得交朋友必須選擇，除非見一次面就不再往來，否則一回生、兩回熟，泛交成深交，而深交亦由泛交來。所謂近朱者赤，近墨者黑，不可不慎。

子貢問友。

子曰：「忠告而善道之。不可，則止，毋自辱焉。」（〈顏淵〉）

子貢問交友的道理。

孔子說：「朋友有不對的地方，要盡心地勸他並且好好開導他。如果他不聽，也就算了，不要自取其辱。」

子游曰：「事君數，斯辱矣；朋友數，斯疏矣。」㉜（〈里仁〉）

子游說：「一個人事君，態度上如果過分急切，就會招來羞辱；一個人交友，如果態度太過急切，就會被疏遠。」

要交個朋友不容易，但如果不小心維護，朋友可能離我們而去。朋友間應該互相關懷、勉勵，互為諍友；朋友有不對的地方，我們不能因為怕得罪人而不規勸，話，我們一定要說，這才是朋友，而朋友可貴也就在此；但態度上必須講求：「忠告而善道之」，婉言相勸；「不可則止」，聽不進去也就算了。

中國人講究「君子之交淡如水」，而公車後掛的「保持距離，以策安全」也頗有道理。試想朋友間整天孟不離焦、焦不離孟，必會起摩擦而傷害友情。真正的朋友，並不是整天膠著在一起的，是我們有事時挺身而出的。朋友之間說說笑話，是難免的；但開玩笑不可開得過火、離譜，而近於狎侮。也許我們以為好朋友嘛，說話隨便些沒關係，但也要有個分寸，如果傷了朋友自尊，友情可能因此結束。

後人稱杜甫為杜工部（杜詩集就叫《杜工部集》），這工部乃是「參謀檢校工部員外郎」的簡稱。杜甫經安祿山造反的變亂，晚年入蜀，投靠節度使嚴武，工部的職位就是嚴武給爭取的；這以後幾年老杜生活安定、心情平靜，作了許多好詩。嚴武待老杜是很厚的；可是有時老杜喝醉了，瞪眼說：「嚴挺之（嚴武父）乃有此兒。」——「嚴挺之竟然有這種兒子！」嚴武心裡懷恨著，一天竟要殺杜甫，幸虧左右的人報告了嚴武的母親，才阻止了這事，但二人的情誼卻破壞無遺了。嚴武受不得幾句話，固然顯得沒度量，但杜甫不是自取其咎嗎！和朋友交往，不可不慎呀！

使乎！使乎！

子問公叔文子於公明賈曰：「信乎，夫子不言、不笑、不取乎？」

公明賈對曰：「以告者，過也。夫子時、然後言，人不厭其言；樂、然後笑，人不厭其笑；義、然後取，人不厭其取。」

子曰：「其然？豈其然乎？」㉝（〈憲問〉）

孔子向公明賈問公叔文子，說：「他真的不言、不笑、不取嗎？」

公明賈回答說：「傳話的人說錯了。他在該說話的時候才說話，所以別人就不討厭他的話；他真樂了才笑，所以別人就不討厭他的笑；他該取的時候才取，所以別人就不討厭他的取。」

孔子說：「是這樣嗎？難道真是這樣的嗎？」

蘧伯玉使人於孔子，孔子與之坐而問焉，曰：「夫子何為？」

對曰：「夫子欲寡其過而未能也！」

使者出，子曰：「使乎！使乎！」㉞（〈憲問〉）

蘧伯玉差了個人到孔子那裡，孔子請他坐，並且問他：「你們老爺最近做些什麼？」

使者回答說：「我家老爺想減少他的過失，卻還沒有做到。」

使者出去後，孔子說：「這只是個使者嗎！這只是個使者嗎！」

「劉玄德三顧茅廬」是《三國演義》裡很精采的一段。且看：「玄德來到莊前，下馬親叩柴門，一童出問。玄德曰：『漢左將軍宜城亭侯領豫州牧皇叔劉備（囉嗦不囉嗦！）特來拜見先生。』童子曰：『我記不得這許多名字（是嘛！）！』玄德曰：『你只說劉備來訪。』童子曰：『先生今早少出。』玄德曰：『何處去了？』童子曰：『蹤跡不定，不知何處去了。』玄德曰：『幾時歸？』童子曰：『歸期亦不定，或三五日，或十數日。（說的也是！）』」這小童說話真有一套，對答如流，不亢不卑，真是孔明家童。

孔融十歲的時候，隨父親到洛陽。當時李元禮頗有盛名，想見很不容易。孔融到了李家門口，對看門的說：「我是李府君的親戚。」通報後，見了面。元禮問：「您和我是什麼親？」孔融回答：「從前我的先人仲尼和您的先人伯陽㉟，有師資之尊，所以我和您是通家之好。」元禮和賓客都嘖嘖稱奇。太中大夫陳煒後到，別人把孔融的話告訴他，煒說：「小時了了㊱，大未必佳！」孔融說：「想君小時必當了了！」

大孔融的孩子也很聰慧，大的六歲，小的五歲。一天父親午睡，小的在床頭偷酒喝。大的說：「你怎麼不拜？」答道：「偷，那得行禮！」後來孔融被收捕，大家都很怕，當時孔融的孩子大的九歲，小的八歲，正玩著，一點也不怕。孔融對使者說：「希望罪止於我本身，兩個孩子能保全嗎？」小孩子說了：「大人見過覆巢之下，還有完卵嗎？」不久兩個孩子也被收捕。㊲

說話不容易，要說得漂亮更不易。而位卑的人對位尊的人，晚輩對長輩說話，更是不易。語要謙而不可卑，要有筋骨卻不可亢；不亢不卑，恰到好處，話真不是容易說的呀！精誠所感，金石為開，只要實話實說，也就是了。否則花言巧語，騙人一時，卻不能騙人一輩子呀！

短文妙趣

子曰：「孟之反不伐。奔而殿，將入門，策其馬，曰：『非敢後也，馬不進也！』」㊳（〈雍也〉）

孔子說：「孟之反這個人從不矜誇自己的功勞。有一次軍敗逃奔，他在最後做殿軍，將進入國門的時候，他鞭著他的馬，說：『並不是我膽大敢留在後面，是這馬跑不到前面去。』」

兵敗如山倒，逃命皆爭先。孟之反殿後卻還來這麼一招，這一招證明他「不伐」！《史記．淮陰侯列傳》記著：韓信攻下齊後，派人請漢王劉邦封他個臨時齊王做做。當時劉邦正被圍攻，情緒壞極了。使者到了，打開信一看，火了：

罵曰：「吾困於此，旦暮望若來佐我，乃欲自立為王！」張良、陳平躡漢王足，因附耳語曰：「漢方不利，寧能禁信之王乎？不如因而立，善遇之，使自為守，不然

變生。」漢王亦悟，因復罵曰：「大丈夫定諸侯，即為真王耳，何以假為！」乃遣張良往，立信為齊王。㊴

整個事情的過程不過：「漢王怒、良平諫、乃許之。」如果這麼記述，想想還有什麼讀頭？讀《史記》每每讚歎劉邦聰明、反應快，不知由於太史公用筆入神，才把整個過程呈現的引人入勝。《論語》這章不過二十三字，卻靈龍活現的把孟之反的形象點了出來。短篇小說是用最經濟的文字表現一定的主題，並且突現主角的性格。《論語》「孟之反不伐」章，該是中國文學史上最精簡、最早的短篇小說。「文章本天成，妙手偶得之！」真是不錯的。

子在川上曰——逝者如斯夫，不舍晝夜

孔子在一條流水的旁邊，望著滾滾而去的水流，說：「歲月的消逝也就是這樣吧！晝夜一息不停！」是的「大江流日夜，客心悲未央。」當我們面對浩瀚的宇宙、潺潺的逝水，能不想到時光的遷流、歲月的消逝！「古人惜寸陰，念此使人懼。」我們能不想到進德修

業、自強不息！

徐子曰：「仲尼亟（ㄑㄧˋ qì）稱於水曰：『水哉！水哉！』何取於水也？」

孟子曰：「源泉混混，不舍晝夜，盈科而後進，放乎四海，有本者如是。是之取爾㊵！」（《孟子．離婁篇》）偉大的自然，肅穆地啟示我們：「造化無情不擇物，春色亦到深山中。」㊶啟示我們：無私。

春夏秋冬、更迭不已，日月運行、永無止息。啟示我們：自強不息！看那滾滾流水，沒有怠惰、不會止息。當我們學習一件新事物，就面臨一個挑戰，也許棄甲曳兵而走；也許接受挑戰，想法突破——就像水盈科而進，成敗就此展現。

孔子一生，給後人留下不滅的典型、永恆的教訓。真的是：

天不生仲尼，
萬古如長夜。

【註釋】

①《孔子家語》：「仲由一字季路。」侍，卑者在尊者之側叫侍。

盍，何不。
爾，當「汝」、「你」講。
裘，是皮衣。「衣裘」，各本作「衣輕裘」，輕字是衍文。衣、裘，都是名詞。
敝，意同「壞」；之，指車馬衣裘。
朱注：「憾，恨也。伐，誇也。」
「無伐善、無施勞」，孔曰：「不自稱己之善，不以勞事置施於人。」
「老者安之」三句：「之」指「老者」、「朋友」、「少者」。這三句原句該是：「安老者；信朋友；懷少者。」安、信、懷是使動動詞；老者、朋友、少者是止詞（賓語）；現在把老者、朋友、少者提前成外位止詞，動詞下補一「之」字以為形式上的止詞。這三句話的意思是：使老者安，使朋友信，使少者懷。
② 孔曰：「晳，曾參父；名點。」
劉疏：「上篇或言侍；或言侍側。此獨言侍坐，明四子亦坐也。」
孔曰：「女無以我長故難對。」
如「或」知爾：「或」義同「有」。
③「率爾」，皇本作「卒爾」。古多用卒為「猝」，就是突然、馬上的意思。
攝，夾也。

鄭曰：「方，禮法也。」

馬曰：「哂，笑也。」

④劉疏：「方六七十里者，謂國之四竟（境）以正方計之有此數也。」

《經傳釋詞》七：「如，猶『與』也，及也。《論語．先進篇》曰：『方六七十、如五六十』，又曰：『宗廟之事如會同。』『如』字並與『與』同義。」

⑤胡紹勳《四書拾義》：「宗廟之事，祭祀在其中，獨此經不得指祭祀，宜主朝聘而言。」這章的會同，就是春秋時諸侯的盟會。

端，玄端，古代的禮服；章甫，古代的禮帽。

⑥鼓，動詞，彈奏也。

孔曰：「鏗者投瑟之聲。」

作，起身；曾點原來坐著，老師有問，所以起身站立回答。

《釋文》：「撰，鄭作『僎』。讀曰『詮』，詮之言善也。」

暮春，義同「晚春」。

古禮男子二十加冠，冠者相當我們說的「青年」，童子就是少年。

浴是洗身。在北方暮春三月堅冰未解，根本不可能浴。《論衡》釋浴沂（沂，水名）為涉（渡水）沂，真是一個聰明的講法；雖然證據不足，但這個講法最好、最合理，譯文就依據這個說法譯出。

雩（ㄩˊ），求雨的祭叫雩。這裡的「舞雩」指祈雨的祭壇。

⑦包曰：「禮貴讓；子路言不讓，故笑之。」

「吾與點也」朱注：「夫子歎息而深許之。」

⑧《洙泗考信錄》二：「凡『夫子』云者，稱甲於乙之詞也，春秋傳皆然；未有稱甲於甲而曰『夫子』者。至孟子時，始稱甲於甲而亦曰『夫子』；孔子時無是稱也。稱於孔子之前而亦曰『夫子』者，蓋皆戰國時所偽撰，非門弟子所記。」

⑨事見《左傳．宣公二年》。

⑩陳司敗問：「昭公知禮乎？」

孔子曰：「知禮。」孔子退；揖巫馬期而進之，曰：「吾聞君子不黨；君子亦黨乎？君取於吳為同姓，謂之吳孟子。君而知禮，孰不知禮？」巫馬期以告。

子曰：「丘也幸！苟有過，人必知之。」（〈述而篇〉）

⑪朱注：「黨，類也。程子曰：人之過也，各於其類。君子常失於厚，小人常失於薄；君子過於愛，小人過於忍。」

⑫事見《韓非子．外儲說左上》。

⑬事見《史記．項羽本紀》。

⑭三疾指狂、矜、愚。

「今也或是之亡也」的「亡」，音義同「無」。

⑮而，義同「如」。

⑯文，是掩飾。

⑰《說文》：「更，改也。」

皇疏：「日月蝕罷，改闇更明，則天下皆瞻仰。君子之德，亦不以先過為累也。」

⑱語見《韓詩外傳》。

⑲子曰：「已矣乎！吾未見能見其過而內自訟者也！」包曰：「訟，猶『責』也。」（〈公冶長篇〉）

⑳子曰：「人之生也，直；罔之生也，幸而免！」（〈雍也篇〉）《爾雅．釋言》：「罔，無也。」

之，指直。

㉑子曰：「孰謂微生高直！或乞醯焉，乞諸其鄰而與之。」（〈公冶長篇〉）

孔曰：「微生，姓；名高。魯人也。」

或，或人、有人。

朱注：「醯，醋也。」

焉，於是。

於，向也。

是，指微生高。

或乞醯焉：有人向微生高要醋。

㉒葉公語孔子曰：「吾黨有直躬者，其父攘羊而子證之。」

孔子曰：「吾黨之直者異於是。父為子隱；子為父隱，直在其中矣。」（〈子路篇〉）

躬，人名，這人以直著名，所以叫直躬。

「其父攘羊而子證之」，攘，竊也。「子」，衍文。證人就是直躬，不是直躬的兒子。（《韓非子．五蠹》：「楚之有直躬，其父竊羊而謁之吏。」可證。）

㉓鄭曰：「史魚，衛大夫，名鰌。君有道、無道，行常如矢，直不曲也。」《方言》：「箭，自關而東謂之矢。」

㉔麑（ㄋㄧˊ），鹿子。

㉕事見《韓非子．說林上》。

㉖「愛之欲其生、惡之欲其死」，是普通人的常情。

「既欲其生、又欲其死」，是惑。

㉗孔曰：「慝，惡也；脩，治也。〔脩慝，〕治惡為善。」

皇疏引范寧云：「物莫不避勞而處逸；今以勞事為先，得事為後，所以崇德也。」

攻其惡的「其」，義同「己」。

㉘見〈憲問篇〉。《小爾雅．廣詁》：「微，無也。」

被，音義同「披」。

衽，衣襟。被髮左衽，當是孔子時夷狄的風俗。

㉙這章的「可」有「合適」、「合意」的意思。

矜，憐也。

包曰：「友交當如子夏，泛交當如子張。」

㉚《說文》：「諒，信也。」

朱注：「友直，則聞其過。友諒，則進於誠。友多聞，則進於明。便，習熟也。便辟，謂習於威儀而不直。善柔，謂工於媚悅而不諒。便佞，謂習於口語而無聞見之實。三者損益，正相反也。」

㉛見〈學而篇〉。無，毋也。

㉜集解：「數，謂速數之數。」

㉝孔曰：「公叔文子，衛大夫公孫拔；文，諡。」

劉疏：「公明賈，疑亦衛人。」大概公明賈在公叔文子手下做事（蘧伯玉的使者稱伯玉「夫子」，公明賈也以「夫子」稱文子。），所以孔子問他。

朱注：「文子雖賢，疑未及此。但君子與人為善，不欲正言其非也。故曰其然豈其然乎，蓋疑之也。」

㉞朱注：「蘧伯玉，衛大夫，名瑗。」孔子再言「使乎」是重美之。

㉟伯陽是老子的字。老子姓李，名耳。孔子曾向他問禮。

㊱了了是指聰慧，曉解事理。

㊲見《世說新語》。

㊳孔曰：「魯大夫孟之側也。」《左傳．哀公十一年》：（魯）師及齊師戰于郊。右師奔；齊人從之。孟之側後入，以為殿；抽矢策其馬，曰，馬不進也！」

伐，是自誇功勞。

殿，是軍退時斷後的軍。（現在把得最後一名的稱殿軍。）

㊴旦暮，早晚。若，你。乃，竟。躡，輕踏、輕踩。因，順勢。張良、陳平輕踩漢王的腳，以引起他的警覺，順勢附耳低語。

寧，哪能。

遇，待。

「何以假為」，韓信表示「願為假王」，所以漢王說「何以假為」。「假」，是暫代、臨時的意思。「何以假為」是說「大丈夫定諸侯，做就做真王，做什麼假王（臨時王）！」

⑩ 亟（ㄑㄧˋ），頻數也。
混混，同「滾滾」。
科，坎也。
放，至也。

㊶ 歐陽脩〈豐樂亭小飲〉。無情，無私。造化無私，澤被萬物。

關於《論語》

關於《論語》

一位洋人問我們：「你讀過《論語》嗎？」答案卻是：「沒有。」我們問一位英國的讀書人：「你讀過莎士比亞嗎？」答案卻是：「沒有。」這個發問的洋人的反應和我們的想法大概是相同的。中國人也許不認識老子、莊子、韓非子，可是不知道孔子的，恐怕不多吧?!讀書人可能沒讀過《老子》、《莊子》、《韓非子》，可是總讀過《論語》吧?!孔子是普遍為人所知的人，《論語》是普遍為人所讀的書；有關孔子個人，我在這本書的第一部分，根據《論語》的記載有詳細的敘述，這裡不煩費詞；此處只把有關《論語》這本書的問題，提出陳述：

一、《論語》在中國經典中的地位

我們看《論語》的簡潔記敘，再讀《孟子》的長篇大論，我們不能不慨歎：百年之間，讀書人對寫作的心態有如此大的轉變！（當然，物質條件的改進，思想界的氛圍，也是造成寫作型態轉變的因素。）《論語》、《孟子》兩部書雖有簡繁之分，卻無妨其為發揚儒家思想的巨著！《論語》只是一些言行的記錄，篇幅不多（白文字數不過一二七〇〇字），文字質樸；可是《論語》卻是中國第一好書，是每一個讀書人必讀——必詳讀的書。是什麼原因，使《論語》在浩瀚的古代典籍中得到獨尊的地位？

《論語》是一部言行錄——孔子的言行錄。由於孔子在中國思想史的地位，由於孔子的被後人尊崇，這部孔子的言行錄，遂從「諸子」中被提升為「經」，而成為後人了解孔子最可靠的原始資料。「高論無窮如鋸屑，小詩有味似聯珠。」王大娘的裹腳布絕不討好，短小精悍的精簡文字倒反使人喜愛。

《論語》的記載雖然簡，但簡而有趣、簡而有味；那趣味是含蓄的、雋永的、耐人尋思的。《論語》不是一部讓人一讀就迷死，發狠恨不能一口氣吞嚼完，讀完也就扔一邊，永遠不會想要再拾起的「暢銷書」，《論語》是經過歷史的考驗，永遠有銷路的書。孔子一生提倡仁恕、開科授徒、周行列國，思想是多麼偉大，志行是何等崇高；透過《論語》的簡單記載，孔子的思想、孔子的志行，就呈現在後人眼前，我們不能不說：《論語》是中國文學中最早最成功的傳記書。

二、《論語》的編寫

《論語》是什麼人寫的？什麼人編的？東漢班固在《漢書・藝文志・六藝略》，有所說明：

> 《論語》者，孔子應答弟子、時人，及弟子相與言，而接聞於夫子之語也。當時弟子各有所記，夫子既卒，門人相與輯而論纂，故謂之《論語》。

由此可知：《論語》是孔子和他的門人或時人的談話，以及門人彼此的談話記錄。原始的記錄出於孔門弟子；不過像「子張書諸紳」的情形恐怕不多。我們想以當時書寫工具的不便，不知有多少談話，沒有「當時」記錄下來。我們現在讀到的談話，恐怕有許多是經過幾次的口耳相傳才記錄下來的。

《論語》的編集，是在孔子歿後。「曾子有疾，孟敬子問之。」孟敬子是孟武伯的兒子仲孫捷；仲孫捷卒後有諡，以中壽計算，當在孔子歿後四、五十年。《論語》裡已稱孟敬子的諡，自然不是孟敬子生前編定的。

《論語》的記錄者和編集者，究竟是孔門哪些弟子？卻不易確指。《經典釋文》引鄭玄的意見：《論語》乃仲弓、子夏等所撰定。宋邢昺注疏以為「仲弓」下脫「子游」二字。《論語．先進篇》有「文學：子游、子夏」的記載，鄭玄、邢昺的說法恐怕是據此所作的臆測。當然《論語》中或有他們三位的記錄，他們三位也可能參與編集工作，但如果必說《論語》是他們三位撰定的，就不足信。《論語》裡述及弟子都稱字，但是：

憲問恥。子曰：「邦有道，穀；邦無道，穀，恥也！」（〈憲問〉）

這個記錄很可能出於原憲本人，因為稱名不稱字，這種記述法和《論語》一般的體例不相符合。我們想在孔子生前和歿後，孔門中當必有許多人保存著或多或少的孔子的談話記錄，孔子歿後若干年，大家各出所有，去其重複，而成為「全書」。梁皇侃《論語義疏》以為「《論語》者，是孔子歿後七十弟子之門人共所撰錄也。」這個說法或許接近事實。（《論語》裡記載孔子的弟子，通常都稱字；如「子貢」、「顏淵」（字上加氏）。只有「有若」、「曾參」稱「子」；如「有子」、「曾子」。宋程子以為，《論語》書成於有子、曾子的門人，所以《論語》裡獨稱這兩人為子。這似是一種可信的說法。）

我們現在所見到的篇目，當不是編定《論語》的人所起的。這些篇目，都是採用每篇開頭的兩字或三字而成。（《孟子》、《詩經》的篇目都是這樣的。）我們想，第一：可能由於教授《論語》和諷誦《論語》的人為便於稱道起見，就用篇首的兩字或三字以代表某篇；第二：可能由於寫書的人於某篇的簡牘已束好，或某篇縑帛已捲好以後，很自然的就用篇首兩字或三字以作這篇的題識。

如果說《論語》二十篇每篇的先後次序都有意義，甚至說每篇裡各章的先後次序都有意義，我們實在不敢苟同；但是，一部書以〈學而〉居首，我們就不能不說這或許出於編者的有心了。（《荀子》以〈勸學篇〉始，以〈堯問篇〉終，大概是模仿《論語》的吧！）

三、《論語》這個名的意義

解釋「論語」二字的意義，以《漢書．藝文志》為最早。根據〈藝文志〉的解釋，「論語」是：孔子的「語」，由門人「論」纂成書，所以叫「論語」。這個解釋似不能令人滿意。《說文》：「論，議也。議，語也。語，論也。」三字連環相訓。我們想春秋末年，魯國可能有同義複詞「論語」，意思和現在的「議論」相同。大概孔子平日對弟子或時人的談話，無論用文字記錄或口耳相傳的，當時弟子都稱為「論語」。到了這些談話的記錄編成為一書的時候，這部書也就叫做《論語》了。（毛子水先生說。）

四、《論語》的各種本子

皇侃《論語義疏》引漢劉向《別錄》：

魯人所學，謂之《魯論》；齊人所學，謂之《齊論》；孔壁所得，謂之《古論》。

由此可知漢世《論語》有三種本子行世。所謂「孔壁」，是指秦始皇焚書，有心人把古籍隱藏起來，後來這些古籍紛紛出現，比如：「武帝末，魯共王壞孔子宅，欲以廣其宮，而得古文《尚書》及《禮記》、《論語》、《孝經》凡數十篇，皆古字也。」（《漢書．藝文志》）而《魯論》、《齊論》、《古論》三者的差別是：

《論語》，古二十一篇（出孔子壁中、兩〈子張〉）；齊二十二篇（多〈問王〉、〈知道〉）；魯二十篇，傳十九篇。（《漢書．藝文志》）

《古論》的二十一篇，是把〈堯曰篇〉次章〈子張問於孔子〉分出，另為一〈子張篇〉，所以《古論》有二〈子張篇〉，而篇次也和《齊論》、《魯論》不同。《齊論》二十二篇，而其二十篇中章句頗多於《魯論》。另外安昌侯張禹，本受《魯論》，兼講《齊論》，號為「張侯論」；包咸、周氏有章句。《古論》有孔安國為之訓解，後來馬融為之訓說。漢末，鄭玄就《魯論》篇章，考之《齊論》、《古論》，為之註。另外王肅、周生烈都為義說。魏何晏等集以上所指各家說，而為集解，這就是《論語》流傳到現在的本子。皇侃作義疏，宋邢昺作注疏，朱熹作集注，清劉寶楠作正義。皇本亡佚很久，後來從日本傳回中土。邢本列十三經注疏中。朱注合《大學章句》、《中庸章句》、《孟子集注》為《四書集注》，最通行。劉疏綜輯眾說，考證最詳。

五、有關《論語》的疑義

古代的典籍，流傳至今；經天災人禍、改朝換代，以及傳抄傳刻，譌誤舛奪、脫衍錯雜，自所不免。清人崔述《洙泗考信錄》及《論語餘說》對篇章可疑者，多有論辨。康有為《新學偽經考》、《康南海文集．論語註序》，對《論語》偽文，亦有論述。梁啟超古書真偽及其年代，對〈陽貨篇〉「公山弗擾以費畔、召、子欲往」章及「佛肸召、子欲往」章的真偽，論之頗當，足啟後學。

我們讀一部書，其中有不可解的地方，這自然是頗遺憾的事情；不過，對一部已經歷經二十多世紀的古籍，不由我們不以寶愛的心情讀它，至於許多不可理解的地方，我們只好暫時擺在一邊——朱子說：「某於《論》、《孟》，四十餘年理會。」（《朱子語類》第十九卷）但是集注裡還是有許多「闕疑」的地方；這種「知之為知之、不知為不知」的態度，是一種對古人、對今人、對後人負責的態度！我們想〈五柳先生傳〉：「好讀書不求甚解，每有會意，便欣然忘食！」這「好讀書不求甚解」，也當以「不知為不知」的角度去理解。實在，讀書時，對無法理解的地方，強作解人，不但顯示個人為學態度的誠懇不夠，而且每每也貽誤後人。

《論語》雖然經過長時間的流傳，不免有失真的地方，但在能夠讀古書的人看起來，它還是我們研究孔子思想、了解孔子生平的第一等材料。在那裡面充滿孔子的經驗和智慧，這是中華民族最有價值的寶物。這寶物經過長時間的流傳、通過歷史的篩漏，面對它，我們不免生崇敬的心情。

《論語》全書可以用「言簡意賅」一言以蔽之。以我們今天學生在課堂上做筆記來看：老師旁徵博採、引經據典，最後下了一個結論；或因了一句話，引發思緒，大加發揮。學生在筆記上所留下的可能只是那個結論、那一句話，至於那些長篇大論、記筆記的人，自可因那個結論或那句話而勾勒心頭；但這個筆記對旁人可就真摸不著頭緒了。

孔子時，寫作的工具還很缺乏，記的人當然只能把孔子言語中最主要的意思、最重要的幾句話記錄下來；這幾句話每每包含很豐富的意思，真是詞約義豐、深入淺出；讀來簡短的幾句話，每每含有很深的哲理。由於《論語》是語錄體，所以不像公文，公告形式的《尚書》那麼「佶屈聱牙」；又由於《論語》詞約義豐，所以讀後餘味無窮，使人受益終身。在中國的古籍中，《論語》是一部老少咸宜的作品：幼童啟蒙後可以為記誦的書籍，而年齡漸增，世事經歷，《論語》就予人更深的領會、更深的感受；這真是一部歷久彌新的中華寶典。

後人重視《論語》，自然是因為《論語》是唯一反映孔子思想的作品，而孔子的思想在中國哲學史上的價值，是不容懷疑的。我們從《論語》所載孔子的話中，得到許多有關為學、做人、處世、治事的寶貴教訓。當然在《論語》中，有的篇章我們不能十分懂得：

子謂公冶長：「可妻（ㄑㄧˋ qì）也，雖在縲紲（ㄌㄟˊ ㄒㄧㄝˋ léi xiè）之中，非其罪也。」以其子妻之。（〈公冶長〉）

公冶長是孔子的弟子。妻，作動詞用，是把女兒給人為妻。縲、紲都是繩索的名稱，是用來拘罪人的東西。《禮記．曲禮下》：「子於父母。」注：「言『子』，通男女。」這章「以其子」的「子」指孔子的女兒。「妻之」的「之」指公冶長。孔子這裡只說「公冶長可妻」，並沒有說可妻的理由。皇疏引范寧曰：「公冶行正獲罪，罪非其罪；孔子以女妻之，將以大明衰世用刑之枉濫，勸將來實守正之人也。」

我們想孔子說公冶長可妻，當另有原因，絕不是因為「罪非其罪」的緣故。「縲紲」兩句，是為公冶長辯白的話；可能有人因公冶長獲罪而懷疑這個婚配的，所以孔子為他辯白。「以其子妻之」一句，是記言的人補記的話，孔子女兒和公冶長的婚禮可能在孔子說「可妻也」以後，也可能在說這話以前。若是「以後」，更可後到幾個月或幾年；皇疏以為是：「評之既竟，而遂以女嫁之。」這個說法實不足取。至於說公冶長以解鳥語而獲罪的故事（見皇疏引），自然是好事者偽造的，更不足取！

有的篇章，我們根本不懂：

> 色，斯舉矣！翔而後集。曰：「山梁雌雉，時哉！時哉！」子路共之，三嗅而作。（〈鄉黨〉）

朱注：「言鳥見人之顏色不善，則飛去。回翔審視而後下止；人之見幾而作，審擇所處，亦當如此。然此上下，必有闕文矣。邢氏曰：『梁，橋也。時哉，言雉之飲啄得其時。子路不達，以為時物而共具之。孔子不食，三嗅其氣而起。』晁氏曰：『石經嗅作戛；謂雉鳴也。』劉聘君曰：『嗅，當作臭；古闃反，張兩翅也。見《爾雅》。』愚按：如後兩說，則共字當為拱執之義。然此必有闕文，不可強為之說，姑記所聞以俟知者。」《呂氏春秋．審己篇》：「故子路揜雉而復釋之。」子路揜雉復釋的故事，在戰國時必已流行，所以《呂氏春秋》引以為說。但《論語》這段文字，是根據這個故事而撰的呢？或這個故事是為解釋《論語》這段文字而造的呢？我們現在已難斷定了。這章文字難曉，必不是資質高明的人的手筆；另一方面，這段文字在〈鄉黨篇〉末，恐是後人附加進去的，而不是當時隨從孔子的人所記的原文。朱注既錄邢疏，又存晁、劉二說，而且一再強調「必有闕文」；除了使讀者多識前哲的義訓外，又示以蓋闕的識度。朱注的嘉惠後學，此為一端。此外如：〈憲問篇〉：子曰：「作者七人矣。」〈微子篇〉的逸民章、周有八士章等，有的記錄過於簡略，我們無法得其真義，有的篇章形同遊戲文字，我們似不必強為之解。凡是這類篇章，我們自以闕疑為妥。

六、我們讀《論語》

孔子的思想，其可貴者在於：放諸四海而皆準，傳之百代以為宜。孔子的思想，在當時固然為振聾發聵的木鐸，就是時至今日，仍然可以做為我們言行的準則。我們讀《論語》總有一種感受：言語極簡單，道理很平實；其中沒有危言惑眾，更沒有無窮高論。

我們有一種理念：我們想要提高人類生活的品質、改善社會的秩序，教育是最可靠的手段。我們想孔子必也是基於這種認識，而提倡學——以身作則、有教無類。孔子提倡仁恕，只是提醒人們：只要從最平實、最根本的日常生活、日常活動做起，以改善人和人的關係。投一顆石子入池水，部分水分子受撞及，卻波及其他水分子，引起騷動——我們看見了水面的淪漣；同樣的，一個人的行為每每影響旁人，所以我們要將心比心，想想別人的感受：「己所不欲，勿施於人。」恕道是也。

仁是孔子心目中最高的德行，我們看孔子很少以仁許人，可以知道為仁之不易。為仁的不易並不是仁之為道可望不可即、高不可攀，困難發生在人很難有恆——一件很容易的事，若無恆心也不易做到。事實上孔子從不唱高調，仁雖是人生的最高德行，卻只要「克己復禮」就是仁。克己，自然是克制自我、約束自我；復禮，是依禮而行。孔子時禮壞樂崩：「事君盡禮，人以為諂也。」孔子因此提倡禮，以減少違禮越分的事情，使社會循序漸進、合情合理。（《禮記．樂記》：「禮也者，理之不可易者也。」）

政治是管理眾人的事，那真是龐雜無端、千頭萬緒，但是孔子告訴我們：「政者，正也。」多麼簡單明瞭！一個幹政治的人，本身正了，天下還會不正嗎?!如果幹政治的人，其身不正，那怎麼正人?!中國人講孝道，總說孝順；孔子倒沒主張人子當一味順親，也不以為天下無不是的父母！孔子以為：父母有不對的地方，我們就要婉言勸諫，如果父母不聽，我們也要堅持我們的立場，絕不輕言放棄：子曰：「事父母，幾諫；見志不從，又敬而不違，勞而不怨。」（〈里仁〉）看來，孔子是相當具理性的人——孔子見出愚孝並不是真孝！

當然由於時、空的改變，有些言語對我們已經沒有意義，比如：子曰：「父在觀其志，父沒觀其行。三年無改於父之道，可謂孝矣！」（〈學而〉）這是說觀察人子孝不孝的方法。但這個人子，是指繼承君位（包括諸侯和卿大夫）的人講，並不是指普通平民講；這種語言已經失去時代意義，我們只好置而不講。另外，孔子有許多關於祭的語言，因為時過境遷，我們不能十分明白，自以闕疑為好。

「有德者必有言。」像孔子那樣的人，一生自然有許多很富智慧的言語；而經常由於記錄的人能夠把握說話時的氣氛、言語的精髓，因此《論語》有許多精采篇章。比如：或問禘之說。子曰：「不知也。知其說者之於天下也，其如示諸斯乎！」指其掌。（〈八佾〉）禘是古代一種祭的名，關於這種祭的情形我們不得而知——孔子時也有人不知道！孔子說話時指著自己的手掌，所以「斯」即指孔子的手掌。關於孔子不答禘之問的理由，我們雖不明白，但透過這二十八字的記錄，我們好像看見孔子低垂雙目，以手指掌的神情。

我們讀《史記》，感覺《史記》不但是史書也是文學作品，因為透過太史公的記述，古人都起死回生、宛然猶在！《論語》雖然反應了孔子的言行，但透過這些記錄，使我們彷彿也列坐講堂、沐浴春風。這本書的第七部分——各言其志，就是以文學的眼光來抒寫的。

程子曰：「凡看《論語》，非但欲理會文字，須要識得聖賢氣象。」如果我們「未讀時是此等人，讀了後又只是此等人，便是不曾讀。」（程子說）「哲人日已遠，典型在夙昔，風簷展書讀，古道照顏色。」（文天祥〈正氣歌〉）讓我們彼此互勉。

中國歷代經典寶庫㉒

論語——中國人的聖書

編撰者—宋淑萍
編　輯—康逸藍
責任企劃—洪小偉
校　對—趙蓓芬

總編輯—余宜芳
董事長—趙政岷
出版者—時報文化出版企業股份有限公司
108019台北市和平西路三段二四〇號三樓
發行專線—（〇二）二三〇六—六八四二
讀者服務專線—〇八〇〇—二三一—七〇五
（〇二）二三〇四—七一〇三
讀者服務傳真—（〇二）二三〇四—六八五八
郵撥—一九三四四七二四時報文化出版公司
信箱—一〇八九九臺北華江橋郵局第九九信箱
時報悅讀網—http://www.readingtimes.com.tw
法律顧問—理律法律事務所　陳長文律師、李念祖律師
印　刷—勁達印刷有限公司
五版一刷—二〇一二年七月二十日
五版三刷—二〇二三年三月十日
定　價—新台幣二百五十元

時報文化出版公司成立於一九七五年，
並於一九九九年股票上櫃公開發行，於二〇〇八年脫離中時集團非屬旺中，
以「尊重智慧與創意的文化事業」為信念。

論語：中國人的聖書 / 宋淑萍編撰. -- 五版. -- 臺北市：時報文化, 2012.07
面；　公分. --（中國歷代經典寶庫；22）

ISBN 978-957-13-5588-7（平裝）

1. 論語　2. 通俗作品

121.22　　101010434

ISBN 978-957-13-5588-7
Printed in Taiwan